T0107015

NO
MUCHOS
PADRES

Título del original: *Not Many Fathers*

Título en español: *No Muchos Padres*
© Copyright 2007 Master Press

Published by

Master Press
An Imprint of Morgan James Publishing
1225 Franklin Ave. Ste 325
Garden City, NY 11530-1693
Toll Free 800-485-4943
www.MorganJamesPublishing.com

Ninguna parte de esta publicación se puede reproducir o transmitir en ninguna forma o por ningún modo, mecánica o electrónica, incluyendo fotocopias y grabación o por ningún almacenaje de información y sistema de recuperación, sin permiso en escrito del autor o de el editor "excepto por un revisor, quien pueda citar pasos breves y/o demostrar breve cintas de video en una revisión".

Traducción: Sonia Rivera, Oscar Frias
Beck, Jr., Dr. James P.

Not Many Fathers
Dr. James P. Beck, Jr.

978-1-60037-106-6

No

Muchos

Padres

Por

James P. Beck
with Neil Silverberg

New York

Contenido

Prólogo

El escribir libros ha sido comparado con el dar a luz hijos. Pues los libros no son realmente escritos sino mas bien paridos, lo que explica la dificultad del proceso. Los libros cristianos no son una excepción. Estos comienzan con la concepción de una idea plantada por Dios, crecen a través de un período de gestación en el pensamiento, y finalmente surgen con mucho trabajo y dificultad.

He tenido el privilegio de trabajar junto al autor, Pete Beck, a través de todo el nacimiento de este libro. Desde la concepción, y a través del arduo proceso de perfeccionar el material, y aun en su conclusión, ha sido evidente que Pete estaba ampliamente apto para escribir este libro. Esto es así, porque el nacimiento de este material corresponde al florecimiento total de su papel como padre dentro de la casa de Dios.

Desde el momento en que yo conocí a Pete por primera vez, hace ya mas de veinticinco años atrás; fue obvio que él llevaba en el corazón el bien estar de Sion como sólo un padre espiritual puede hacerlo. Aunque pastoreaba su propia iglesia en aquel tiempo, Pete estaba tratando de ayudar a otra iglesia en un estado completamente diferente, y yo fui llamado a su lado para ayudar. Fue evidente para mí en aquel entonces que Dios estaba formando su propio corazón de Padre en Pete. Por aquellos tiempos jóvenes comenzaron a buscarlo a él, y él voluntariamente abría su corazón a todos los que venían.

Desde aquella reunión inicial, yo he observado con gozo el completo desarrollo de lo que entonces era solo un comienzo. Una de las formas más claras en las que el papel de Pete como padre se ha manifestado, es su pasión por unir a líderes. Fue Pete quien concibió primero la idea de una conferencia anual para fortalecer hombres de los cinco ministerios, y de distintas líneas de iglesias Neo Testamentales. Ahora en su undécimo año, esta insólita conferencia ha sido grandemente usada por Dios para animar a líderes jóvenes y proveer un lugar donde estos puedan ver a los padres (en la fe) trabajando juntos. Viendo a Pete en el púlpito, moderando cada año este singular evento ha permitido a muchos líderes ver no solamente su corazón para con la iglesia universal de Dios, sino además su propio crecimiento como un padre espiritual.

Desde aquella primera conferencia he tenido el privilegio de trabajar hombro a hombro con Pete en "Masterbuiders", una fraternidad de iglesias del Nuevo testamento. De Nuevo, fue en el corazón de padre de Pete, donde la visión de este grupo de iglesias fue formada. Observar su cuidado para cada una de las iglesias sin importar su tamaño o condición, ha sido una inspiración para todos los miembros del equipo que trabajan con él. A medida que "Masterbuilders" ha ido creciendo, Pete se ha dedicado a pasar la batuta, o traspasar el mando, a diferentes Jóvenes alrededor de el.

De ninguna manera esto quiere decir que su capacidad ha disminuido; ¡más bien ha crecido! Pete es como un padre que cede sus negocios a los hijos, y se goza de que estos le excedan. Su corazón continua palpitando por el avance del Reino de Dios y en ese espíritu, él ha soltado a aquellos a su alrededor para que estos puedan encontrar sus lugares en el Reino de Dios.

Cuando por primera vez, Pete, presentó la idea de escribir un libro relacionado con padres espirituales, yo me entusiasmé con la idea. Su propia experiencia a través de los años lo había preparado para hablar a la iglesia sobre éste tema. Las verdades que él expone en este libro, fueron primeramente aprendidas en el yunque de la experiencia con Dios, y son en una manera practica, forjadas para las necesidades de esta presente generación.

Es evidente que en este tiempo Dios le esta hablando a la Iglesia a cerca del lugar que ocupan los padres en (dentro de) Su casa.

Por donde uno vaya uno encuentra este tema en los labios de muchos. Mi sentir es que este libro contribuirá mucho a que el rol de los padres sea puesto en la perspectiva correcta. Pues a no ser que la Iglesia de hoy se reconcilie con el concepto de padres espirituales y aprenda a como relacionarse apropiadamente con estos, la iglesia permanecerá grandemente obstaculizada de realizar el destino divino al cual fue llamada.

Si hay algo que separa este libro de otros que hablan de este tema, probablemente es el énfasis que este pone en la relación iglesia - padres espirituales. Demasiadas veces el énfasis es puesto en la autoridad que ejercen los padres sobre las iglesias, en lugar de la relación que estos tienen con aquellos que influencian. Aunque es cierto que a los padres les es dada autoridad espiritual, el ejercicio apropiado de esta solamente puede ocurrir en el contexto de una relación adecuada. Como desafortunadamente muchas iglesias han descubierto, el intentar establecer vínculos de autoridad espiritual teniendo relaciones no saludables puede llevar a daños y dificultades incalculables.

Lo maravilloso de este trabajo es que no sólo articula claramente la necesidad de estas relaciones, sino que también contiene una vasta riqueza de consideraciones prácticas obtenidas a través de muchos años de experiencia como pastor y como cobertura espiritual de muchas iglesias. Puedo decir confiadamente que si las verdades expuestas en este libro fuesen correctamente aplicadas tanto a las relaciones Iglesia - Padres, como a las relaciones Iglesia - movimientos o redes apostólicas, un gran crecimiento ocurriría en el Reino de Dios.

Con gran gozo le encomiendo este volumen al pueblo de Dios, agradecido de que tuve parte en su producción. Que el Dios y Padre de nuestro Señor Jesucristo use este material para Su gloria; para preparar una generación de padres que vuelquen su corazón a favor de sus hijos, y una generación de hijos que reconozcan y honren a los padres en medio de ellos. Que el resultado final sea que el gran Día de su Regreso sea apresurado. Maranatha!

Neil Silverberg

Reconocimientos

Deseo dar gracias a mi esposa Jane, mi hijo Pete Beck III, y a Virginia Malone, Sherry Stevens, Carlton Kenny y Steve Parker, los cuales me dieron valiosas sugerencias para el primer manuscrito.

También quisiera expresar mi más profunda gratitud por la excelente ayuda que me proveyó mi amigo, y colaborador en la confraternidad Masterbuilders, Niel Silverberg. Niel es un gran escritor, y se que el manuscrito final hubiese sido muy inferior al presente a no ser por su constante tutela y ayuda en edición. No es algo común encontrar a alguien quien, sin buscar su propio interés, ayude a enseñar a uno el arte de la escritura. Gracias Niel.

INTRODUCCION:

PADRES, ¡LEVANTENSE!

En el mundo de hoy se escuchan muchas voces, y todas ellas luchan por destacarse. Como pueblo de Dios es importante que estemos adiestrados en distinguir la voz del Espíritu Santo de entre todas ellas. Todas las demás nos guiaran hacia otro rumbo del que debemos de tomar. Es solo cuando escuchamos lo que Dios esta diciendo, y nos involucramos en lo que el esta haciendo, que encontraremos la mas grande bendición. A pesar de no haber sido en lo mas mínimo un padre ejemplar, el viejo Eli hizo un gran servicio a Israel cuando el le enseño al joven Samuel a reconocer la voz de Dios. ¡Oh! cuan importante es esto.

Muchos años atrás un excelente mentor mío me dijo: "Si quieres ser conocido como un profeta, entonces ve y descubre que es lo que Dios esta haciendo y pon tu mano en ello." La pregunta que nos debemos hacer es por ende: "¿Que es lo que Dios esta haciendo en nuestros Días?"

¿Estamos escuchando lo que esta en su gran corazón y estamos poniendo nuestras manos en ello? Es mi esperanza que este libro llegue a ser en realidad profético para muchos que lo lean. Ciertamente no hablo de predecir el futuro, pero si de consolar, edificar y exhortar. . . de abrir oídos espirituales para que oigan. Puede, eso espero, servir como una advertencia para algunos si es que en realidad leen todo el libro, por que la palabra de Dios no solo "convierte el alma" sino que también "Por ellas queda advertido tu siervo." (Sal 19:11)

Estamos viviendo en un periodo único en la historia de la humanidad. Lo que lo hace serlo no son los eventos históricos, científicos o sociales que ocurren hoy en día. Lo que hace única nuestra generación es lo que Dios esta diciendo. A manera que escuchamos lo que Dios esta diciendo hoy a su iglesia, nosotros comenzaremos a entender el llamado especial hecho a la presente generación.

Mientras nunca osaría reducir lo que Dios esta hablando a una sola cosa, no cabe la menor duda que El esta hablando: "¡Padres Levántense! ¡Apóstoles Levántense! ¡Lideres Levántense! Tomen su lugar dentro de la iglesia para dirigir a mi pueblo en estos últimos tiempos." Hay un llamado claro del Padre en esta hora para que emerjan líderes en el Cuerpo de Cristo. Mas este llamamiento no es para que cualquier tipo de líder emerja, sino para una clase de líder en especial, el cual la iglesia ha estado necesitando desesperadamente. El espíritu santo esta claramente llamando a hombres de llamado apostólico que puedan conducir a la iglesia a través de estos tiempos de conflicto y confusión en los cuales vivimos, y los que están prontos a venir. A lo largo del mundo entero se esta proclamando un llamamiento a que los verdaderos padres apostólicos se levanten y tomen su lugar en estos últimos días.

Cuando el profeta Malaquias dijo las últimas palabras del antiguo testamento, el seguramente estaba augurando lo que hoy vemos:

> [1] Porque he aquí, viene el día ardiente como un horno, y todos los soberbios y todos los que hacen maldad serán estopa; aquel día que vendrá los abrasará, ha dicho Jehová de los ejércitos, y no les dejará ni raíz ni rama. [2] Más a vosotros los que teméis mi nombre, nacerá el Sol de justicia, y en sus alas traerá salvación; y saldréis, y saltaréis como becerros de la manada. [3] Hollaréis a los malos, los cuales serán ceniza bajo las plantas de vuestros pies, en el día en que yo actúe, ha dicho Jehová de los ejércitos. [4] Acordaos de la ley de Moisés mi siervo, al cual encargué en Horeb ordenanzas y leyes para todo Israel. [5] He aquí, yo os envío el profeta Elías,[A] antes que venga el día de Jehová, grande y terrible. [6] El hará volver el corazón de los padres hacia los hijos, y el corazón de los hijos hacia los padres, no sea que yo venga y hiera la tierra con maldición.

Podemos estar seguros de el Espíritu Santo ordenara las cosas en estos últimos tiempos para que esta profecía llegue a su cumplimiento. De hecho esto ya esta sucediendo delante de nuestros propios ojos. Relaciones de autoridad espiritual están siendo expuestas cada vez con mayor importancia. Por todas partes se ven hombres y mujeres tratando de arreglar sus vidas. Y en los corazones de muchos el Espíritu Santo esta creando un deseo de tener mejores relaciones verticales.

La siguiente historia es conmovedora en extremo e ilustra perfectamente la obra que el Espíritu Santo en estos momentos esta haciendo en corazones a través del mundo entero. Verdaderos padres e hijos están sintiendo el llamado de Dios en una manera nueva y poderosa.

La Historia de Paco

Un padre en ciudad de México se había desentendido de su hijo que se llamaba Paco. Como ocurre con frecuencia, palabras fueron dichas en enojo, ambos dijeron cosas sin pensarlas, y lo que era rebelión se convirtió en resentimiento. Paco finalmente se fue de su casa y comenzó a vivir por su cuenta durante muchos años. Al principio el corazón del padre estaba endurecido y amargado por el hecho de que su hijo se hubiese escapado de su casa. Pero a manera que fueron pasando los años, el corazón del padre se ablando y el deseaba ver a su hijo otra vez. Sin embargo tanto tiempo había pasado, que el padre había perdido todo rastro del muchacho y no sabia como contactar a su hijo. Sin poder comunicarse con su hijo el padre formulo un plan que esperaba fuese a funcionar. Cierto día el publicó en el periódico local un anuncio que simplemente leía: "¡Paco, este es Papa! Te amo y quiero que regreses a casa. Si lees esto por favor dame encuentro en las gradas del Juzgado a la 1:00PM." Al día siguiente el padre fue a al juzgado a ver si Paco había respondido a su anuncio, lo que el encontró fue que las graderías del juzgado estaban repletas de cientos de muchachos llamados Paco, que esperaban por sus padres.

En esta hora muchos padres están regresando a sus cabales. Hijos también están descubriendo su necesidad por el amor y seguridad que solamente puede venir de un verdadero padre. Las gradas del juzgado están llenas de "Pacos."

Hoy en día, se ha escrito y se ha hablado mucho a cerca de la restauración del ministerio apostólico en la iglesia. Un torrente de libros que presentan materias desde la autoridad apostólica, la creación de iglesias apostólicas, y hasta las relaciones apostólicas, han sobre poblado los estantes de librerías cristianas. Sin embargo hay cierto peligro intrínsico en estos libros que fácilmente puede pasar desapercibido. Si bien, estos libros han ayudado al expresar apropiadamente la relevancia del apostolado en la iglesia moderna, ellos se han enfocado en forma casi exclusiva en la función y ofició del apóstol. El peligro existe en que si vemos a los apóstoles y sus ministerios únicamente desde el punto de vista de su función, podemos perder de vista el verdadero corazón del apóstol.

Este libro difiere con los otros en que la materia en la que lidia es la que, en mi criterio, es el corazón mismo del ministerio apostólico – la esencia misma de lo que hace a este ministerio algo tan necesitado hoy en día. Aunque este libro toca temas como la autoridad apostólica, la relación apóstol-congregación, y otros, el enfoque central de este libro es un llamado a los apóstoles a ser padres. Es mi intención demostrar en este libro que es en todo lo que significa la palabra padres que la esencia del ministerio apostólico puede ser encontrada.

Deseo mostrar en este libro que Dios mismo tiene en la más alta estima a aquellos que son padres dentro del cuerpo de Cristo. Esto no nos debería de sorprender, ya que Dios mismo es un Padre es lógico que El ame y apruebe de aquellos que manifiesten su propio Corazón-de-Padre.

Hemos llegado a la hora en que estos padres son desesperadamente necesitados en la iglesia. Pablo habla las palabras que nunca antes habían sonado tan ciertas como lo hacen ahora: "[15] Porque aunque tengáis diez mil ayos en Cristo, no tendréis muchos padres; pues en Cristo Jesús yo os engendré por medio del evangelio." (1 Co. 4:15)

Nosotros veremos como padres son infinitamente más que maestros, o pastores, o alguien que simplemente mantiene un cargo u oficio dentro de la iglesia. Ellos son aquellos quienes han alcanzado cierto nivel de madurez espiritual que les permite traer una perspectiva única a la vida de la iglesia.

Yo intentare demostrar en este libro que Dios ama absolutamente a estos padres y es su intención el restaurar muchas bendiciones a la iglesia a través de ellos. Ultimadamente las bendiciones que estos padres derramaran tendrán repercusiones a nivel mundial que impactaran las naciones. Dios a escogido deliberadamente el vehículo la paternidad como canal de vida y bendición para el mundo entero.

Una palabra final

Volvamos por un momento a las últimas palabras de la profecía de Malaquias.

> [5] He aquí, yo os envío el profeta Elías, antes que venga el día de Jehová, grande y terrible. [6] El hará volver el corazón de los padres hacia los hijos, y el corazón de los hijos hacia los padres, no sea que yo venga y hiera la tierra con maldición.

El corazón de esta maravillosa profecía es la promesa que Dios enviara al profeta Elías antes de su venida. El efecto que esto tendrá en el mundo será el de "volver el corazón de los padres hacia los hijos, y el corazón de los hijos hacia los padres," que de acuerdo con el profeta es algo necesario para evitar que caiga maldición sobre la tierra.

Estas palabras tuvieron su cumplimiento inmediato cuando vino Juan el Bautista, el precursor de Cristo Jesús (Lucas 1:17). Mientras que Juan no era literalmente Elías, su venida fue en el mismo espíritu y poder. Sin embargo es algo lógico creer que la profecía también se aplica a la segunda venida de Cristo. Antes de la segunda venida del Señor habrá una manifestación del espíritu de Elías trayendo arrepentimiento a nivel mundial:

> "E irá delante de él con el espíritu y el poder de Elías, para hacer volver los corazones de los padres a los hijos,[(A)] y de los rebeldes a la prudencia de los justos, para preparar al Señor un pueblo bien dispuesto." (Lucas 1:17)

Debemos esperar que tal manifestación haga resaltar la relación entre hijos y padres. Simple y llanamente debemos de esperar la restauración entre padres e hijos como la indicación de que Elías ha venido, y por ende de que la venida del Señor esta cerca.

¿Vemos ahora tal restauración? Definitivamente que ¡Si! Podemos ver varios movimientos del Espíritu Santo en nuestros días que traen un nuevo énfasis en cuanto a la importancia de los padres. Cualquiera que sea nuestra opinión de grupos como "cumplidores de promesas" y otros estos has ciertamente sido usados por el Señor para llamar a los barones a su responsabilidad primordial como esposos y padres. Estas han venido de la providencia divina en una generación desamparada por sus padres carnales.

Sin embargo, la profecía de Malaquias también se aplica a todo lo que vemos ocurrir a otro nivel. No es únicamente el núcleo familiar que esta necesitando de manera desesperada la presencia de los padres. Así como ha habido un gran vació en las familias de hoy por la ausencia de los padres, la iglesia de Dios también a sufrido el abandono de los padres espirituales. Y de la misma manera que estamos observando la restauración de los padres en las familias, también estamos observando la restauración de los padres en la casa de Dios.

La importancia de la restauración espiritual de los padres en la Iglesia en este tiempo no puede ser subestimada. Esta restauración puede significar la continuación de un cristianismo superficial y egoísta, típico de Norte América, o el surgimiento de un pueblo de fe madura que siempre esta lanzándose hacia lo mejor que Dios tiene para ellos. No es siquiera necesario decir que Satanás peleara con uñas y dientes para impedir que los padres emerjan en este momento crucial para la Iglesia. Pero si la Iglesia Cristiana ha de cumplir su destino dado por Dios ellos tendrán que emerger.

Cuando decimos que Dios ha dado a la Iglesia padres, no estamos hablando de aquellos que son maestros, predicadores, o líderes. Gracias a Dios no hemos tenido escasez de hombres llenos de dones que ministren a su Iglesia. Así que cuando hablamos de padres no estamos hablando simplemente de alguien que tiene dones, sino de aquellos que verdaderamente comparten el corazón de Dios para con su Iglesia. Como veremos, ellos son hombres que ya no viven más en sus propios propósitos, sino en los propósitos que Dios tiene para su casa. Son estos los individuos que son necesitados desesperadamente hoy en día.

Relaciones Personales: La Base Para la Paternidad Espiritual Verdadera

A manera que estos capítulos progresan se volverá obvio el gran énfasis que existe en este libro en cuanto a la importancia de que el funcionamiento correcto de los padres espirituales es de base relacional. Todo lo que Dios hace en su reino es en base a relaciones personales, tanto con Cristo como los unos con los otros. Esto es ratificado por Cristo cuando el establece la naturaleza y preeminencia de los mas grandes mandamientos. (Mt. 22:36-40). Pero, si esto es cierto, es aun más cierto cuando se aplica a los padres y su postura dentro de la casa de Dios. Mucho daño ha sido hecho por autodenominados Apóstoles que pretenden supervisar a individuos e iglesias sin antes establecer relaciones personales apropiadas. Cuando la crisis viene (por que siempre viene) la ausencia de una relación verdadera entre estos apóstoles y los individuos e iglesias que ellos están supuestos a supervisar tiene un efecto devastador en situaciones que hubieran sido diferentes de haber existido relaciones personales correctas.

En años recientes existe un precedente muy preocupante en cuanto a enfocarse en la autoridad apostólica. Yo demostrare que la relación apóstol iglesia no proviene de la autoridad, sino que la autoridad proviene de la relación. No cabe la menor duda que la palabra de Dios enseña que un apóstol debe de tener un rol de autoridad dentro de la iglesia. Reconozco que en una era de rebelión y anarquía como la que vivimos, esa autoridad debe de ser enfatizada. Mas, es el enfoque desmedido a la autoridad y función apostólica a expensas de lo que es el verdadero corazón de un Apóstol lo que a causado todo un genero de apóstoles que se asemejan mas a un presidente de una corporación que a un apóstol del Nuevo Testamento. Reclamando el manto apostólico, ellos han olvidado la esencia del corazón que va a la par de la majestad y poder del oficio apostólico.

Siempre debemos de recordar que la forma en que la Biblia se refiere a los creyentes es primordialmente en términos familiares. El Apóstol Pablo nos enseña que a los hombres de edad avanzada debemos tratar como a padres, las mujeres como madres, los jóvenes como hermanas y hermanos en el cuerpo de Cristo. La iglesia es la familia de Dios y nosotros nuca debemos de tratarla en ninguna otra forma. Desafortunadamente, muchos en su celo de ver el oficio apostólico restaurado en nuestros días, se han olvidado de esta tan básica realidad. El daño ha sido grande cuando hombres con un llamado apostólico real y que poseedores de muchos dones han comenzado a tratar al cuerpo de Cristo como su posesión personal, o se ven a si mismos como jefes de corporaciones multinacionales envés de ser apóstoles según la Biblia enseña.

El único remedio para evitar los graves errores del pasado es recapturar la verdadera esencia del apostolado – el llamado a la paternidad espiritual. En este libro el énfasis no es en lo que el apóstol hace, sino en quien es. Y es en la sustancia de la palabra padre en la que encontramos no solamente la verdadera esencia del ministerio apostólico sino también la razón por la cual este ministerio es capaz de traer tal caudal de bendiciones a la iglesia. Cuando estas verdades son propiamente entendidas (y expresadas), individuos e iglesias no encontraran problema alguno en recibir y trabajar con estas personas. Es únicamente cuando el aspecto relacional es ignorado que los apóstoles se vuelven ejecutivos o peor tiranos. Y entonces las iglesias inevitablemente ignoraran y evadirán a este ministerio que Dios creo para ser un canal de bendición y buen cuidado de su Iglesia.

Como Esta Organizado Este Libro

En lo que resta de este libro yo espero convencerle de la necesidad apremiante en este tiempo de relaciones apostólicas padre-hijo. También proveeré algunas soluciones prácticas para sobreponerse a las dificultades en formar tales relaciones. También es necesario que tengamos un entendimiento claro a cerca de como actúa y es un apóstol basado en la Santa palabra de Dios. ¿Cuales son las marcas de un Apóstol? No es tanto lo que hace un padre, sino quien es el y cual es su corazón lo que debe de ser entendido y establecido en nuestra mente. Vamos a ver como la vida bendiciones y unción fluyen todas de una relación correcta hacia los padres. También veremos que en todo esto hay enormes implicaciones en cuanto a la guerra espiritual se refiere, y eso será expuesto en los últimos capítulos. El material en este libro esta dispuesto en cinco partes. En la primera titulada, Se Busca: Padres, examinare la gran necesidad en nuestros días de que surjan verdaderos padres espirituales en la casa de Dios. Esta sección dará al lector una breve introducción a cerca de lo que es la esencia de la naturaleza de un padre espiritual, ser aquellos en los cuales el corazón del Padre es formado.

La parte dos, La importancia de honrar a los padres, lidia con la gran necesidad en la iglesia de reconocer y dar la honra apropiada a los verdaderos padres espirituales. Tan importantes son los padres en la familia de Dios que bendiciones y maldiciones son dadas basadas en el tratamiento que se les da a los padres. También laboro la imagen de David como alguien quien honraba a su padre espiritual (Saúl) y como Dios lo bendijo por eso. La parte tres, La función correcta de los padres, toca muchos aspectos prácticos de las formas en las cuales padres se deben de relacionar con las iglesias.

La parte cuatro, El corazón de un apóstol, examina aquellas características que son indispensables en el carácter y personalidad de un verdadero apóstol. Recalca, lo que tan comúnmente es olvidado por aquellos autodenominados apóstoles, que lo que ratifica a un apóstol no es la descripción de su trabajo, sino su forma de vida. Finalmente, la parte cuatro, pasando la batuta, muestra la relación entre los profetas Elías y Eliseo y las lecciones que esta tiene para enseñar en relación a como los padres deben dejar una legado para la siguiente generación.

A manera que escribo estas palabras estoy profundamente conciente de cuanto ama Cristo a su iglesia. En realidad, El murió por ella (Ef. 5:25) Ella es lo mas precioso, lo mas importante para El en toda la creación y El eventualmente regresara por ella. Cualquier persona, con cualquier responsabilidad espiritual debe de mirar a la iglesia con un corazón de padre, laborando diligentemente para presentarla como una virgen pura al Divino Novio. Ningún padre de verdad tocaría a su hija con alguna otra cosa que no sea manos limpias y las más puras intenciones. Ese es el llamado de Dios en esta hora a aquellos que son verdaderos padres. Padres Espirituales, ¡levántense!

Parte 1

*

Se Busca:
PADRES

1

POR QUE NECESITAMOS PADRES

En las últimas décadas ha habido un creciente énfasis en la restauración del ministerio apostólico en la iglesia. Mientras muchos todavía dudan de la validez de este ministerio para nuestro tiempo, un número cada vez mayor de congregaciones y movimientos eclesiásticos han comenzado a reconocer el rol vital de este ministerio a medida que la iglesia se acerca a los últimos tiempos. A medida que los deseos se transformaron en oraciones, el Señor ha respondido enviando a verdaderos apóstoles en este tiempo crucial de la iglesia.

Este libro no esta supuesto a exponer todos los aspectos de este tan importante ministerio sino mas bien desea presentar lo que es el corazón del ofició apostólico. El llamado a ser padres espirituales dentro de la casa de Dios. Debemos también mencionar, que el llamado a la paternidad espiritual no es únicamente para los apóstoles, pues toda la iglesia esta llamada a la madurez espiritual. (1 Juan 2:12-14) Aunque son relativamente pocos los que llegan a esa madurez. Sin embargo para aquellos que son correctamente denominados apóstoles tal madurez es esencial. Veremos mas adelante como el no hacer de esa madurez espiritual la base del ministerio apostólico ha sido la raíz de que muchos ministerios apostólicos han sido dañinos para el cuerpo de Cristo.

Cuando hablo de que Dios ha dado a la iglesia padres no estoy hablando en términos generales de aquellos que son maestros, predicadores y líderes. Gracias a Dios no hemos tenido escasez de tales talentos. Cuando hablamos de padres estamos hablando de que Dios ha dado a la iglesia algo más que hombres talentosos. Padres son aquellos que comparten el corazón que Dios tiene para con su iglesia. Son aquellos que no viven para si o para bendición personal sino para que el pueblo de Dios sea bendecido. Estamos hablando de aquellos que comparten plenamente el gran corazón del Padre y a través de quienes Dios puede llevar a sus hijos a la madurez.

La palabra de Dios tiene mucho que decir a cerca de los padres espirituales y su importancia dentro del cuerpo de Cristo. Para entender esto iremos no solamente al Nuevo Testamento. Esto, por que los padres espirituales ya existían aun antes de la muerte y resurrección de nuestro Señor Jesucristo. Aun en el Antiguo Testamento podemos ver a padres espirituales actuando y jugando un papel muy importante en dirigir al pueblo de Israel. Bajo ambos pactos Dios ha establecido a los padres como una parte integral de la vida de su pueblo.

Aun antes de que la nación Israelí sea fundada en forma oficial en el libro del Éxodo, el plan para esta ya estaba presente en la vida de los patriarcas o padres. Dios ya había entrado en un pacto especial con los patriarcas en el que les prometía muchas cosas para ellos y sus descendientes. Por ende, podemos decir que todo lo que Dios hizo más adelante por y en Israel fue en base a estas promesas que el hizo a los padres.

En el adviento de la entrada a la tierra prometida Moisés recordó a la nación el porque Dios los había liberado de tierra de Egipto:

> [37] Y por cuanto él amó a tus padres, escogió a su descendencia después de ellos, y te sacó de Egipto con su presencia y con su gran poder, [38] para echar de delante de tu presencia naciones grandes y más fuertes que tú, y para introducirte y darte su tierra por heredad, como hoy.[39] Aprende pues, hoy, y reflexiona en tu corazón que Jehová es Dios arriba en el cielo y abajo en la tierra, y no hay otro. [40] Y guarda sus estatutos y sus mandamientos, los cuales yo te mando hoy, para que te vaya bien a ti y a tus hijos después de ti, y prolongues tus días sobre la tierra que Jehová tu Dios te da para siempre. (Deuteronomio 4:37-44)

Nótese como Moisés recuerda al pueblo en términos bien claros que las bendiciones recibidas no se debían a que ellos hayan hecho algo para merecérselas. Sino que tenían su origen en el amor que Dios tenia a sus padres. La cadena del gran propósito de Dios para con Israel comenzó con el amor de Dios para con los padres de esa nación. Y como los amo el escogió a sus descendientes, prometiéndoles dar la tierra que iban de heredar. Esto no quiere decir que Dios no ame también a los hijos, pues El es Dios de amor. Su gran amor no esta reservado únicamente a los padres, pero si este resalta a través se toda la palabra de Dios.

Los padres de los que hablamos son los patriarcas del pueblo de Israel, Abraham, Isaac y Jacob. El plan de Dios para esa nación comenzó con estos hombres y con el pacto que El hizo con ellos. Ese pacto contenía promesas que perdurarían generación tras generación de sus descendientes. Aun hoy en día esas promesas están en pie evidenciado por las bendiciones que reciben los descendientes de Abraham.

Dios amo a los padres y por eso ha bendecido grandiosamente a los descendientes. Por ende podemos establecer que el plan de Dios para dar bendiciones a su pueblo (y a través de su pueblo al mundo) siempre comienza por su amor a los padres. Cuando Dios comienza a desarrollar su plan el comienza por buscar a los que son padres.

Como Dios ama a los padres no nos sorprende el ver que el grabó en las conciencias de los descendientes la gran importancia de honrarlos. Aun el mandamiento de honrar a nuestros padres terrenales es señal de esto. Es por eso que los Diez mandamientos incluyen el siguiente:

> Honra a tu padre y a tu madre,[A] para que tus días se alarguen en la tierra que Jehová tu Dios te da. (Éxodo 20:12)

Las bases de este mandamiento son encontradas en el inmensurable valor que Dios da a los padres. Y así Israel iba a entender que valorar lo que Dios valora era la forma de recibir grandes y sublimes bendiciones. A manera que Israel honraba a sus padres terrenales Dios iba a bendecirlos en formas tangibles. Tan importante era este mandamiento que su bienestar propio dependía de guardarlo o no. Si lo guardaban Dios prometía bendecirlos; si no lo hacían no recibirían bendición alguna.

Un Principio Divino

Este llamado a honrar a los padres no es solo un mandamiento arcaico para el antiguo pueblo de Israel. Es un principio divino que se aplica al pueblo de Dios hoy en día, Es por esto que aun en el Nuevo Testamento nosotros encontramos que el mandamiento de honrar a los padres se repite nuevamente, solo que se incluye que Dios bendecirá a los que la guarden:

> [2] Honra a tu padre y a tu madre, que es el primer mandamiento con promesa; (Efesios 6:2)

Es muy interesante el notar que esta instrucción se encuentra en la sección del la carta a los Efesios donde el apóstol Pablo demanda la mas alta calidad ética entre aquellos que son llamados Santos. Lo que debemos de recordar es que previo a esta sección, capítulos del cuatro al seis, Pablo a estado enseñando que (Efesios 3:10). Debemos de tomar en serio estas palabras. El gran misterio de las edades es que el reino invisible observa atentamente a la Iglesia por que a través de ella están siendo instruidos en la Sabiduría de Dios.

Debemos concluir, por ende, de que los capítulos que prosiguen están relacionados al llevar a cabo esta labor de expresar Su sabiduría. Incluida en esta sección esta la instrucción de honrar a los padres. Mas que una declaración en cuanto a la ética, cuando la Iglesia obedece estas palabras y honra a sus padres, ella se esta moviendo en la Sabiduría de Dios, y a su vez, por la cual el reino invisible esta siendo instruido. Así que detrás de este mandamiento a honrar a los padres esta la habilidad de la Iglesia de cumplir ese gran rol de instruir a los principados y potestades en la Sabiduría de Dios.

En Primera de Corintios el apóstol Pablo nos recuerda a sus conversos de que el era el único que tenia verdadera autoridad para corregirlos, ya que su relación para con ellos era mayor que la de un maestro

> [15] Porque aunque tengáis diez mil ayos en Cristo, no tendréis muchos padres; pues en Cristo Jesús yo os engendré por medio del evangelio. (1 Corintios 4:15).

Este pasaje nos revela el verdadero corazón del ministerio apostólico. Pablo habla de si mismo como un "Padre" en cuanto a su relación con la Iglesia de Corinto se refiere. Esta era la base de su autoridad y exhortación a la Iglesia. El esperaba que la iglesia de Corinto entendiera que si bien Dios los había bendecido con muchos hombres talentosos, ellos solo tenían a un padre en la fe, Pablo. Esto deja por establecido el importante punto que los padres son más que simplemente hombres talentosos o poseedores de dones, sino aquellos que tienen una relación especial con las iglesias como aquellas personas que trajeron a la fe a esa congregación. Debido a que la iglesia en Corinto existía como resultado del trabajo misionero de Pablo, el era el único que verdaderamente podía ejercer el rol de Padre Espiritual.

Por esa razón era el deber de ellos estar más dispuestos a recibir las palabras de Pablo que de ningún otro maestro.

Debemos recordad que todas las Iglesias del Nuevo Testamento eran iglesias de "primera generación," es decir, fueron fundadas por los Apóstoles. A manera que la fe se fue difundiendo rápidamente alrededor del mundo entero. Muchas iglesias comenzaron a surgir por otros medios al margen del testimonio directo de los Apóstoles. Es por esto que muchas de estas Iglesias estaban necesitadas de padres espirituales. Como lo demostraremos mas adelante, muchas de estas iglesias llegaron a relacionarse con hombres de llamado apostólico que no necesariamente fueron el canal para su conversión. Esto es importante, pues nos da una luz en como muchas iglesias actuales se están relacionando con personas que no fueron las que las fundaron o llevaron a la fe. Como sea, padres espirituales verdaderos son aquellos que se han ganado el respeto de las iglesias y que han adoptado a estas iglesias para proveerles esa bendición que es tener un padre espiritual.

Una Generación Huérfana

Hemos visto que tanto en el Antiguo como en el Nuevo testamento los padres juegan un rol esencial en la vida del pueblo de Dios. ¿Pero como es que la iglesia moderna debe de relacionarse con los padres espirituales? ¿Necesitamos de padres espirituales hoy en día? ¿Y si esto es cierto como es que las congregaciones modernas pueden encontrar y relacionarse con estos hombres?

Debemos de comenzar diciendo que además de ser solidamente bíblico, existen razones muy importantes que hacen del relacionarse con un padre algo esencial para una congregación. La ausencia de verdaderos padres ha significado que una fuente de gran fuerza y bendición para la iglesia no exista.

No hay necesidad de citar las estadísticas para probar que nuestra cultura esta sufriendo de una necesidad de padres. La evidencia esta alrededor nuestro. Además del astronómico aumento en divorcios, estudios muestran que aun en las casas donde los dos padres se encuentran, el tiempo real que estos padres comparten con sus hijos ha estado en declive. Esto se debe en parte al aumento en los horarios de trabajo y la creciente prosperidad que da la falsa idea que lo único que los niños necesitan es provisión material. Muchos padres se han resignado a proveer más y mas cosas materiales mientras se alejaron de dar ese aliento y dirección que solo un padre puede dar a sus hijos.

Desafortunadamente, esta falta de padres involucrados en las vidas de sus familias se ha visto reflejada también en la vida de la Iglesia. Ha habido una ausencia claramente visible de padres espirituales en la iglesia moderna y hemos estado sintiendo los efectos de esto día tras día. Muchas razones existen que expliquen esto. Talvez la mayor razón ha sido el énfasis en hacer en vez de ser. No es un misterio el que hayamos producido tan pocos padres. Padres no son aquellos cuyo éxito es medido por cuan ocupados están, sino por su relación con los demás. Y este es el problema. Muchos de aquellos quienes para ahora deberían de ser padres han estado demasiado ocupados en su ministerio que ellos han dedicado poco o ningún tiempo para relacionarse con aquellos quienes deberían de estar entrenando.

En mis primeros pasos en la fe yo estuve bajo la tutela de un hombre extremadamente carismático cuyo ministerio bendecía a muchísima gente. El era un líder natural con muchos dones. La gente estaba dispuesta a seguirlo, influidos muchos otros grandes lideres. Cuando el falleció repentinamente, un gran vació se produjo por su ausencia. Algunos de los jóvenes que habían estado bajo su tutela trataron de llenar ese vacío inmediatamente. Lastimosamente, ninguno de ellos tenía la unción o la combinación de dones que este hermano poseía, ni tampoco tenían ese carisma en sus personalidades. Ellos únicamente tenían su modelo de liderazgo y ejemplo. Así que cuando fue tiempo de que alguien tomara su lugar, muchos hicieron grandes esfuerzos pero ninguno pudo hacerlo.

Lo que se hizo evidente en poco tiempo fue que estos hombres no se habían sentado a la tutela de un padre, sino bajo la de otro joven (1 Juan 2:13-14) esto en el sentido de que todos eran luchadores, hacedores y gente de logros, como muchos a los que ellos habían seguido. Una de las reglas fundamentales de Dios es que el engendrado es como le que le engendró. Los Jóvenes como lo dice Juan son aquellos que han vencido al Diablo. Esto habla de actividad en vez de ser. Un padre, al contrario, esta preocupado en ser y entender su posición en Cristo. Un padre es aquel quien ha conocido a "aquel quien es desde un principio." Esto habla de reposo. Ellos están más aptos a reposar en el Señor.

Mi amigo no había tomado el tiempo adecuado para preparar a alguien quien tome su lugar. En realidad el no podía hacerlo, pues el era un joven y no podía traer a nadie mas allá de donde el había ido. Como habíamos dicho ¡de tal palo tal astilla! Esto era evidente en el continuo aire de independencia y de deseo de supremacía entre los hermanos, que a su vez impedía el crecimiento en unidad entre personas e iglesias. Se perdió una enorme cantidad de tiempo. Tomo años de espera en el Espíritu Santo, hasta que este aclaro las cosas y quebranto muchos corazones duros (incluido el mío) para así poder construir sobre lo que el Espíritu Santo quería. Aprendimos a través de esto que se necesita mucho más que un líder dinámico para asegurar el futuro de una congregación o movimiento. Mientras un líder este vivo el puede rodearse de ciertos seguidores. Durante su propia vida sus propios dones y habilidades impartirán una medida de estabilidad y bendición a los que lo siguen. Pero ¿que ocurre si el repentinamente muere o no le es posible continuar su ministerio por enfermedad o falta moral? Es triste, pero hemos visto numerosas veces el resultado de esto en las iglesias. En muchas iglesias esto a dado como resultado luchas internas entre líderes, lucha por el liderazgo y aun peor ¡división!

Estos resultados con frecuencia podían ser evitados si el individuo que estaba en liderazgo hubiera sido un padre en la fe maduro que entendía su rol como alguien que prepara adecuadamente a la siguiente generación de lideres. Quiero decir con esto, alguien quien levante a padres espirituales no solamente ministros. Esto no garantiza transiciones sin problemas, pero si asegura un resultado exitoso. En vez de rodearse de seguidores únicamente en base de sus dones, el padre se rodea de hijos que se convertirán en padres quienes continuaran su trabajo cuando el haya partido. Tristemente ninguno de nosotros entendía esto en aquel tiempo. Todos, incluido mi amigo que partió, hicimos lo mejor que pudimos con el conocimiento que teníamos en el momento. Me alegra saber que Dios no hace pesar nuestro pasado o pasada ignorancia sobre nuestras cabezas. Pero hoy el Santo Espíritu esta revelando un nuevo esquema una nueva dinámica.

Los Mata Gigantes

La historia de Saúl, el primer rey de Israel, tiene mucho que enseñar con respecto a la importancia de los padres. Saúl, cuyo reino fue de un completo fracaso fue llamado a ser un padre espiritual para la nación de Israel. Para su desgracia, Saúl no estaba dispuesto a cooperar con el plan de Dios, y en vez de ser un padre el resistió aquello mismo para lo cual el había sido levantado.

Una evidencia clara de que Saúl fracaso como padre fue que ninguno de sus hombres jamás mato un gigante. Eso es por que Saúl tampoco había matado a ninguno, y el era su modelo a seguir. Solo uno de sus súbditos, David, mato a gigante alguno. Inicialmente, Saúl trato de disuadir a David pero finalmente le permitió hacerlo. Después se paso la vida entera tratando de matar al mata gigantes, ¡aquel a quien el se suponía debía de entrenar!

Al contrario 2 Samuel 21 nos dice que muchos de los hombres de David mataron gigantes. Esto ocurrió en los días en que David ya era anciano, pero salio de igual manera a luchar. Sus hombres salieron a su rescate y en el capitulo leemos como ellos mataron a gigantes. Este es el modelo perfecto de cómo los jóvenes se forman al modelo de sus lideres. Para producir matadores de gigantes tú tienes que ser uno primero. Para producir padres tú tienes que ser uno primero.

Esto nos trae a una descripción muy importante del rol de los padres dentro de la Iglesia de hoy. Los padres son aquellos que siempre están primordialmente buscando mejorar la relación con sus hijos, para entrenarlos y enviarlos a que continúen el trabajo después de ellos. Los padres verdaderos son entonces aquellos que tienen una visión a largo plazo, viendo mas allá de su generación a las generaciones que continuaran el trabajo una vez que ellos hayan partido. Y no solamente están viendo hacia la siguiente generación; ellos están tratando en toda forma de equipar a esa generación para que esta vaya mucho mas allá de lo que su generación pudo. Esto con enseñanza y con ejemplo, siendo un modelo a seguir.

Este es un punto importante. Los padres se caracterizan por desear que sus hijos hagan mayores cosas que ellos. Esto no es algo difícil de entender. Si yo tengo un negocio y quiero dejárselo a mi hijo ¿Desearía yo que el tenga tanto éxito como yo? En verdad mi deseo bebería ser que el sobrepase todo éxito que yo haya alcanzado. Que el incremente la herencia familiar. Ese es el deseo natural que existe en todo corazón de padre, el proveer toda provisión para que el hijo sea mejor que uno mismo.

Esto también se aplica a los padres espirituales. Ellos son los que literalmente se "entregan ellos mismos" a la iglesia para que sus hijos a su alrededor triunfen. Debemos entonces aceptar que el llamado a ser padres es el llamado a la auto negación mas clara que Dios hace a uno de sus hijos. Si aun estamos buscando posiciones, aplausos, y/o autoridad, todavía no hemos alcanzado el corazón de un padre.

2

Dando a Conocer al Padre

La restauración de los padres dentro de la iglesia es algo vital para el cumplimiento del plan divino en nuestros días. Revisemos:

[1] Porque he aquí, viene el día ardiente como un horno, y todos los soberbios y todos los que hacen maldad serán estopa; aquel día que vendrá los abrasará, ha dicho Jehová de los ejércitos, y no les dejará ni raíz ni rama. [2] Más a vosotros los que teméis mi nombre, nacerá el Sol de justicia, y en sus alas traerá salvación; y saldréis, y saltaréis como becerros de la manada. [3] Hollaréis a los malos, los cuales serán ceniza bajo las plantas de vuestros pies, en el día en que yo actúe, ha dicho Jehová de los ejércitos. [4] Acordaos de la ley de Moisés mi siervo, al cual encargué en Horeb ordenanzas y leyes para todo

Israel. [5] He aquí, yo os envío el profeta Elías,[(A)] antes que venga el día de Jehová, grande y terrible. [6] El hará volver el corazón de los padres hacia los hijos, y el corazón de los hijos hacia los padres, no sea que yo venga y hiera la tierra con maldición. (Malaquias 4:1-6)

A manera que el día de su regreso se acerca la importancia de los padres dentro de la iglesia se hace cada vez mas clara. Si no fuera por la presencia de estos padres dentro de la Iglesia para guiarla, nosotros simplemente no nos percataríamos de la plenitud del plan divino. En el capitulo anterior vimos quienes son estos padres y por que son tan importantes para la iglesia. Es vital que tengamos una visión clara de lo que es el llamado a la paternidad espiritual, pues esa es la única forma en la que nosotros podremos entender correctamente la forma en que estos padres espirituales deben ejercer su llamado hoy en día. En este capitulo seguiremos, a la luz de la palabra de Dios, esclareciendo lo que es un padre espiritual.

¿Por que vino Jesús?

Talvez el mejor punto de partida para entender lo que es un padre espiritual es preguntarnos: ¿Por que Dios envió a Su Hijo a la tierra? La respuesta mas obvia es que el vino al mundo a morir y con su muerte redimir a la humanidad. Esta es la enseñanza básica del Nuevo Testamento en cuanto a la primera venida del Señor. Aun Jesucristo se refería a su muerte como el propósito principal de su venida. Antes si quiera de comenzar su ministerio, Juan el Bautista clamo llamándole "¡El

Cordero de Dios que quita el pecado del mundo!" (Juan 1:29). Es claro por la palabra de Dios que Cristo había nacido para morir y dar su vida como recompensa de muchos.

Si bien todo esto es verdad aun nos queda una importante incógnita: ¿Si la muerte de Jesús fue la única razón por la cual el vino, por que vivió 33 años en este mundo? ¿Por que no se sacrifico a si mismo prontamente después de nacer cuando aun era un joven? Esto no es una pregunta frívola, en realidad esta va al corazón del por que Cristo vino. La respuesta es: si bien su muerte fue el medio por el cual El redimió a un mundo perdido en pecado, fue a través de su vida que el dio a conocer plenamente al Padre. En otras palabras, Jesús no solamente murió por el pecado, sino también para que a través de El, el Padre se diera a conocer.

Jesucristo dio testimonio de esto durante Su ministerio:

²² Todas las cosas me fueron entregadas por mi Padre;^(A) y nadie conoce quién es el Hijo sino el Padre; ni quién es el Padre, sino el Hijo,^(B) y aquel a quien el Hijo lo quiera revelar. ²³ Y volviéndose a los discípulos, les dijo aparte: Bienaventurados los ojos que ven lo que vosotros veis; (Lucas 10:22-23)

¹⁹ Ellos le dijeron: ¿Dónde está tu Padre? Respondió Jesús: Ni a mí me conocéis, ni a mi Padre; si a mí me conocieseis, también a mi Padre conoceríais. (Juan 8:19)

³⁰ Yo y el Padre uno somos (Juan 10:30)

⁷ Si me conocieseis, también a mi Padre conoceríais; y desde ahora le conocéis, y le habéis visto. ⁸ Felipe le dijo: Señor, muéstranos el Padre, y nos basta. ⁹ Jesús le dijo: ¿Tanto tiempo hace que estoy con vosotros, y no me has conocido, Felipe? El que me ha visto a mí, ha visto al Padre; ¿cómo, pues, dices tú: Muéstranos el Padre? (Juan 14:7-9)

Todos estos pasajes reflejan este vital aspecto de la venida de Cristo. Esto también explica todo lo que el hizo en sus tres años de ministerio aquí en la tierra; el porque El invertía tanto tiempo en sanar a los enfermos en liberar a los poseídos. Cuando Jesús resucitaba muertos y les daba vida era por que precisamente el Padre resucita muertos y les da vida. Enteramente todo el ministerio de Jesús, por ende, puede ser resumido en el vino a demostrarle a la humanidad como realmente es el Padre Celestial. Y para un mundo enceguecido por el pecado eso era algo absolutamente necesario.

Siendo este el caso, es muy instructivo ver que Jesús, mientras estaba aquí en la tierra, constantemente se refería a Dios como Su Padre. En realidad el utilizaba la palabra en Arameo que traducida al castellano de uso común seria Papito. Sobra decir que esta no era la forma común de referirse a Dios para un judío. Debemos de ver estas palabras en el contexto histórico sobre el cual Dios se había revelado a Israel por siglos bajo el nombre Jehová. Esta palabra usualmente se la unía a otra para darle al pueblo hebreo una luz en cuanto a la naturaleza del Dios que los salvó. Por ejemplo, Jehová Jireh (Dios nuestro proveedor) y Jehová Shamah (Dios esta aquí), ambos demuestran el carácter de Dios y su relación con su pueblo. Otros nombres como Adonai (Señor) y El Shaddai (Dios todopoderoso) también revelan algo importante a cerca de Dios a su pueblo. Cuando Jesucristo viene al mundo no se registra ni una sola vez que el se refiera a Dios en alguno de sus nombres dados en el Antiguo Pacto. ¿Entonces que es lo que El quería decir cuando el dice que ha revelado el nombre de Dios a sus discípulos?

> [5] Ahora pues, Padre, glorifícame tú al lado tuyo, con aquella gloria que tuve contigo antes que el mundo fuese. [6] He manifestado tu nombre a los hombres que del mundo me diste; tuyos eran, y me los diste, y han guardado tu palabra. (Juan 17:5-6)

¿Hay acaso un nombre en especifico que Jesús utiliza para revelar a Dios a sus discípulos? Escudriñando los evangelios uno puede descubrir que el nombre principal por el cual el llama a Dios es simplemente Padre. Esta es la forma primordial en la que El se refiere a Dios cuando esta rodeado de sus amigos mas cercanos en la tierra.

Es algo muy importante notar que en la palabra de Dios hay una relación muy importante entre la persona y el nombre que esta lleva. El nombre es la revelación de la persona y el nombre es la presencia activa de la persona.[1]

Por esta razón el nombre "Padre" es mas que una simple preferencia, esta provee la descripción mas sublime de quien es Dios. Simple y llanamente, Dios es por encima de todo un padre. Cuando Jesús vino a la tierra el vino primordialmente a manifestar al Padre. Y en ese nombre tenemos la descripción mas completa del Dios Vivo que jamás se haya dado a la humanidad.

Jesús tenía buenas razones para utilizar este nombre. Es solo cuando entendemos que Dios es Padre que nosotros podemos comprender su plan y propósito en la tierra. ¡Todo el plan de Dios esta envuelto en ese nombre! ¿Porque? Por que cuando nosotros nos referimos a Dios como padre nos referimos a lo que el se propuso antes de la fundación del mundo y de la creación del hombre y la mujer. Es solo en entender que Dios es Padre que Su plan único encuentra sus orígenes.

Comenzando por el Principio

Cuando nosotros hablamos de Dios como Padre estamos hablando de Dios en su rol supremos. El hecho de que el es Padre gobierna todo su santa actividad. ¿Es el Creador? ¿Sustentador? ¿Proveedor? SI, en verdad Dios es todas estas cosas, pero todas ellas esencialmente describen lo que el hace en relación a su creación, no quien es el. Si vamos ha hablar de quien es El tenemos que comenzar diciendo que el es primera y primordial mente Padre. Y conocerlo a El como tal es la única forma en la cual podremos entender correctamente Su propósito.

Durante Su ministerio terrenal Jesús no solamente se refería a su relación temporal con Su Padre, El aludía a su relación que El tenia con el Padre desde la eternidad. Esto se revela claramente en lo que se conoce como la oración sacerdotal de Juan capitulo 17. Mientras El oraba en presencia de sus discípulos, Jesús hablo de "la gloria que me has dado, por que tu me amaste desde antes de la fundación del mundo." (Juan 17:24) Esta oración nos permite ver un destello de la relación entre el Padre y el Hijo que existía desde antes de la creación.

Lo que estos y otros pasajes revelan es que Dios era un Padre mucho antes de que el tuviera una relación o si quiera creara a Adán y Eva. Esto debería despertar una interesante incógnita. Si el era un padre desde la eternidad ¿Quiénes eran sus hijos? La respuesta es que El primeramente fue el "Dios y Padre de nuestro Señor Jesucristo" aun antes de convertirse en nuestro padre a través del milagro de la regeneración. Aun cuando el Padre y el hijo eran uno en esencia ellos mantenían la relación "padre-hijo." Esta relación con Dios como Padre por ende no comenzó en la tierra. Era una expresión de la relación que el Hijo disfrutaba con el Padre antes de la creación en la Trinidad. Este es un gran misterio pero la palabra de Dios habla claramente y con frecuencia de este.

¿Donde encajamos nosotros entonces? Lo que es claro es que en la eternidad antes de la creación Dios se había propuesto iniciar un plan para extender su familia. A través de su Hijo el crearía una raza de hijos, todos portadores de la imagen de su amado Hijo. Es precisamente por esta razón que en su traducción del las cartas del Nuevo Testamento J.B. Phillips traduce Efesios 1:4 en la siguiente forma: "Desde antes de la eternidad Dios había determinado traer a existencia una raza de hijos." Phillip capturo la esencia del plan divino de tener una vasta compañía de hijos.[2] El capitulo 1 del libro de efesios de principio a fin nos provee con una ventana valiosa a este enorme misterio divino. A través de todo este capitulo, el apóstol Pablo se refiere al Padre como el origen de este plan divino. En realidad el padre es el sujeto de la mayoría de los verbos en este capitulo de Efesios. Desde el principio el Padre tenia este precioso plan de incluir su creación especial llamada el hombre en esa comunión que existía desde siempre entre el Padre y el Hijo. Esta es la razón por la cual la tierra fue creada junto con una especie especial la cual podía entrar en la comunión del Padre y el Hijo.

Lo que es evidente en este capitulo de Efesios es que el plan divino no fue una improvisación en respuesta a la caída del hombre en edén. Como se puede leer claramente esta fue concebida: "desde antes de la fundación del mundo."(1:4) Obviamente esto precede la caída en pecado del hombre. Debido a la caída del hombre era necesario que el Hijo venga a la tierra para redimir al hombre de su caída, sin embargo ese no es el foco central del plan. El Padre iba a traer a existencia una raza de hijos formados a la imagen de su Único Hijo, Jesús. Porque habían caído, ellos debían de ser redimidos. Pero la redención no es la razón principal por la cual estos hijos fueron creados.

Los Hijos son Coparticipes de la Vida

La palabra de Dios va mas a fondo en describir la comunión entre el Padre y el Hijo al decir que el Padre y el Hijo comparten también la misma vida:

> [26] Porque como el Padre tiene vida en sí mismo, así también ha dado al Hijo el tener vida en sí mismo; (Juan 5:26)

Este pasaje nos permite ver un destello de gran misterio del Dios Trino. Jesús alude de que ambos El y el Padre poseen esta vida en si mismos; que esta no deriva de ninguna otra fuente. Los Teólogos suelen llamar a este atributo divino "Auto-existencia" o "Existente en si mismo." La vida de la cual la palabra de Dios habla no es simple vida natural, la cual los seres humanos compartimos con otras criaturas, es vida Espiritual. El hecho es que el Padre y el Hijo comparten esta vida es la base para la comunión que existe entre los dos. Esta comunión era desde la eternidad, continuo cuando Cristo se despojo de su gloria y vino a la tierra.

Ya hemos visto como fue el santo propósito de Padre el traer a existencia una gran familia extendida e invitarlos a todos a la misma comunión que El disfrutaba con el Hijo. (1 Juan 1:1-3) Ya que esta divina vida era la base para la comunión entre el Padre y el Hijo era requerido que sus hijos reciban esta vida para se hechos hijos. Es por esto que la Biblia presenta la salvación, no solamente como el recibir perdón de pecados sino también en términos de compartir la vida divina. (2 corintios 5:17, 2 Pedro 1:3, 1 Juan 5:12). Es esto lo que Jesús quiere mostrar cuando le dice a Nicodemo: "tienes que nacer [3]de nuevo." (Juan 3:3). La misma vida que el Padre y el Hijo compartían iba a ser a través de la procreación la base para la vida de los hijos de Dios. Por lo tanto cuando los hijos de Dios lo llaman Padre, no es simplemente una adulación, sino una confesión de que ellos han venido ha ser poseedores de vida espiritual o como la Biblia lo llama "vida eterna."

Es crítico ver la prioridad que Dios pone en la vida. Cada vez que Dios se manifiesta esta la presencia de la Vida. Esta vida fue la base de todas las cosas en el principio. (Juan 1:4) Dios es un Dios de vida y dondequiera que el se manifiesta hay vida.

Estamos viviendo en tiempos en los cuales el mundo esta preocupado en descubrir los orígenes de la vida. Recientemente, científicos anunciaron que después de muchos años de arduo trabajo ellos han podido descifrar el genoma humano. Se cree que este es el primer paso en permitirle al hombre controlar tales cosas como el sexo de un bebe, y el de poder predecir ciertas tendencias a enfermedades en los recién nacidos. Estos descubrimientos solo han envalentonado al hombre en su deseo de "ser como Dios," no solamente entendiendo los misterios de la vida sino también siendo capaces de crearla. Las implicaciones de esto son increíbles y el debate esta solo comenzando.

Es obvio que la preocupación del hombre por descubrir lo orígenes de la vida es solo en el ámbito físico. El hombre no regenerado no conoce nada a cerca del lado del Espíritu en cuanto a la vida se refiere. Es únicamente a la iglesia a quien Dios le ha dado el privilegio de participar de esta vida eterna. Y es únicamente a manera que entendemos esto que podremos entender como Dios quiere que la iglesia funcione.

La Vida en la Iglesia

Ya que la iglesia es la compañía de aquellos que han recibido la vida divina, esta debe de edificarse de la misma manera. Talvez la mejor forma de entender esto es utilizando la palabra "orgánica" para describirla. Por orgánica queremos decir que es una entidad viva y que posee vida.

La alternativa de orgánica es mecánica. Cuando decimos que algo es mecánico queremos decir que ese algo es animado por algún mecanismo por el cual puede duplicar algunas acciones de los humanos. Un robot, por ejemplo, puede ser programado para moverse como un ser humano en una línea de producción de una fábrica. Pero el hecho de hacer ciertos movimientos no quiere decir que este posea vida, pues no la tiene. El principio de movimiento y animación de un robot es mecánico, esta programado para actuar en cierta manera y no puede actuar de otra. Lo opuesto es cierto de aquello que es orgánico. Se mueve y vive simplemente por que posee vida.

La falta de reconocer esta verdad impide que podamos ser capaces de edificar la iglesia como es debido. Sin embargo muchas iglesias no entienden el carácter orgánico de la iglesia. Carentes de entendimiento a cerca de la verdadera naturaleza de la iglesia ellos tratan a la iglesia como una entidad mecánica y equivalen una iglesia atareada de muchos programas y actividades ¡con una iglesia viva! Y aun otras se empeñan en mantener tradiciones antiguas carentes de vida espiritual. ¡Líbrenos Dios de sustituir la vida de Cristo y su unción por tradiciones y actividades!

Lo que necesitamos y deseamos es verdadera vida en nuestras iglesias. Aquellos de nosotros que deseamos desesperadamente cumplir el destino divino de la iglesia en estos últimos tiempos anhelamos la manifestación de la verdadera vida de la iglesia. La vida divina atraerá a aquellos que hoy viven en muerte. A través de todo el mundo profetas están hablando de la cosecha de almas que ha de ocurrir antes de la segunda venida de Cristo. Esto va a requerir la presencia de vida verdadera en nuestras iglesias. ¡Estamos errados si pensamos que esta cosecha va ha ocurrir debido al uso de ciertos métodos o programas! La iglesia de los postreros tiempos será una iglesia que posea vida y la manifieste. Y es por esa vida que esta producirá muchos padres los cuales engendraran muchos hijos.

Padre y Vida

¿Qué tiene todo esto que ver con los padres en la Iglesia? Mucho. Es solo a manera que entendemos la supremacía de la vida en la iglesia que reconoceremos la importancia de los padres en esta. Pues en un sentido real, los padres son aquellos que son caracterizados por dos cosas: comunión intima con el Padre, de manera que ellos ven las cosas como El las ve, y la habilidad de impartir vida a otros. Vamos a ver ambas en lo que resta de este libro.

El apóstol Juan describe a los padres como aquellos que "Conocen a aquel que es desde el principio." (1 Juan 2:14) Esta referencia nos indica que los padres son aquellos cuyo conocimiento de Dios esta arraigado en Su propósito eterno. Ellos han entendido la intención de Dios de crear una gran familia de hijos de Dios que:

[13] hasta que todos lleguemos a la unidad de la fe y del conocimiento del Hijo de Dios, a un varón perfecto, a la medida de la estatura de la plenitud de Cristo; (Efesios 4:13)

Pero lo que los hace padres es que ellos mismos han procreado hijos. ¡Ellos pueden iniciar o impartir vida! Todo el asunto de tener la vida divina en la iglesia es que Dios tiene que tener a aquellos que son capaces de producir progenie espiritual – hijos que podrán observar y apreciar modelos paternales, y volverse padres ellos mismos e impartir vida a otros. Los padres espirituales son los únicos con la capacidad de preservar la verdadera obra de Cristo más allá de una determinada generación.

3

PATERNIDADES

En el Nuevo Testamento, la relación de Dios como padre no solamente se aplica a los creyentes. Mientras se dice que Dios es Padre de todo hombre en el sentido general basado en la creación, la idea de una paternidad redentora de Dios para con todo ser humano no es mencionada en la Biblia. De hecho, Jesús habla de manera muy directa a los judíos que contendían con El:

> [44] Vosotros sois de vuestro padre el diablo, y los deseos de vuestro padre queréis hacer. El ha sido homicida desde el principio, y no ha permanecido en la verdad, porque no hay verdad en él. Cuando habla mentira, de suyo habla; porque es mentiroso, y padre de mentira. (Juan 8:44)

Realmente es solo cuando hablamos del nuevo nacimiento, o nueva vida que la paternidad redentora de

Dios es presentada. Vamos a explorar este pensamiento mas a fondo a lo largo de este capitulo. En la versión Reina-Valera nos encontramos en los primeros capítulos del Génesis y del evangelio de Mateo con la palabra "engendró." Esta palabra es vista en las largas genealogías que son mencionadas. Sin duda la mayoría hemos pasado rápidamente por estos versos sin leerlos detenidamente, o quizás los hemos convertido en nuestro sedativo seguro para las noches de insomnio.

De cualquier modo, otras traducciones remplazan la palabra engendró con "fue padre de" (Biblia de las Américas, y Dios Habla Hoy). Mientras ambas dicen esencialmente lo mismo lo hacen a exclusión de la palabra de menos uso común "engendró." Al hacer esto cambian la estructura gramatical de la oración cambiándola de la original voz activa a la voz pasiva. Esto es debido a que la palabra engendró habla de iniciar algo de hacer algo. La definición de la palabra engendrar es: "procrear, dicho en relación al padre: causar." SI vemos la definición de la palabra procrear es "producir hijos."

En la procreación humana es el padre quien es el que inicia o causa el nacimiento. La madre es la que recibe, nutre y trae a luz. Pero debemos de notar que la concepción de una nueva vida depende de la iniciativa o acción causante del padre. Implica que el padre se unió a la madre y en el cause natural de las cosas un hijo nació. En este capitulo vamos ha hablar de la importancia de esta iniciativa en producir nueva vida. Esto nos ayudara a entender todo el concepto de la paternidad en la Biblia.

La Promesa de Vida en el Antiguo Testamento

El Antiguo Testamento comienza con la historia de la creación del primer hombre, Adán, por quien deriva toda la humanidad. En un sentido real, el es el padre de la raza humana. Esto implica que la humanidad no solamente deriva su existencia física de Adán sino también su existencia espiritual.

Luego de que Eva cedió a la tentación y comió del fruto tanto ella como su marido, los seres humanos comienzan a caer estrepitosamente de su antiguo estado. Esta caída significaba que la muerte actuaba en ellos tanto física como espiritualmente. Esta muerte es ahora transferida a todos sus descendientes a través del proceso natural de procreación. Es por eso que la palabra de Dios nos enseña que:

22 Porque así como en Adán todos mueren, también en Cristo todos serán vivificados. (1 Corintios 15:22)

Sin embargo inmediatamente después de la caída, Dios promete enviar a la "simiente de la mujer" para quitar las horrendas consecuencias de la caída (Génesis 3:15). Este pasaje es comúnmente referido como el principio de todas las profecías mesiánicas en la Biblia, pues pone en marcha el proceso de seleccionar a cierta progenie a través de la cual el Cristo iba a venir. Todo el trabajo de Dios en el resto de la historia de la humanidad fue en seleccionar y preservar esa simiente hasta que el descendiente que iba a redimir a la humanidad de la maldición de la caída venga y "aplaste la cabeza a la serpiente."

Es apropiado llamar a esta promesa de una simiente "promesa de Vida." (2 Timoteo 1:1) Así como en Adán toda la humanidad deriva los negativos efectos de la caída, así Dios propone que a través de un linaje, la vida sea extendida a todos. El linaje familiar de la "simiente" comienza con la selección de Set, cuya genealogía es cuidadosamente preservada en el capitulo cinco de Génesis. Es interesante notar que en el capitulo previo existe una descripción del linaje de Caín, quien fue rechazado a favor de Abel (quien fue remplazado por Set luego de ser asesinado por Caín). Pero cuando investigamos mas a fondo nos damos cuenta que el record cainita es diferente que el de Set en su característica. La lista de descendientes de Caín únicamente los nombra y no nos da ninguna información a cerca de ellos. Cuando comparamos esto con la descendencia de Set descubrimos que existe mucha mas información a cerca de los descendientes de la familia se Set. Esto se debe a que la Sagradas Escrituras se enfoca en la preservación de este linaje familiar por el cual la promesa de redención iba a venir. La cronología de Set menciona siete generaciones hasta el nacimiento de Noe. Mientras es cierto que todos los seres humanos hoy derivan su vida de Adán es igualmente cierto que todos derivan de Noe también. Luego del diluvio la raza humana fue dividida en tres genealogías entre los tres hijos de Noe. Esto significa que todos los colores y genes raciales que se encontraban en Adán y Eva estaban presentes en Noe, sus tres hijos, las cuatro matriarcas o sea las esposas de cada uno de los hijos de Noe y la madre de ellos. Sin embargo Noe transmitió algo más que su herencia física a sus hijos – el también llevaba en sus lomos la promesa de vida la cual su hijo mas joven Sem la continuó. La profecía que Noe hace en relación a su hijo Sem luego de despertar de su embriaguez hace claro que Sem iba a ser el hijo por el cual la promesa de vida iba a continuar.

Así que en la historia de los comienzos humanos en Génesis, y en especial en la historia de la Simiente, encontramos la gran verdad, que la vida esta en la simiente. Es el propósito de Dios que cada generación de padres pasen la promesa de su simiente a la siguiente generación. Para el linaje de Set esto no solo significaba que cada padre pasara su naturaleza caída a su progenie (Génesis 5:1) sino también la promesa de vida. La vida vino a través de Set.

Paternidad en el Nuevo Testamento

En el Nuevo Testamento el apóstol Pablo dice algo de extrema importancia en relación a su ministerio:

> [9] y de aclarar a todos cuál sea la dispensación del misterio escondido desde los siglos en Dios, que creó todas las cosas; (Efesios 3:9)

Hablando a cerca de su ministerio y el propósito de la iglesia el continua diciendo las siguientes importantísimas palabras:

> [10] para que la multiforme sabiduría de Dios sea ahora dada a conocer por medio de la iglesia a los principados y potestades en los lugares celestiales, [11] conforme al propósito eterno que hizo en Cristo Jesús nuestro Señor, [12] en quien tenemos seguridad y acceso con confianza por

medio de la fe en él; [13] por lo cual pido que no desmayéis a causa de mis tribulaciones por vosotros, las cuales son vuestra gloria. [14] Por esta causa doblo mis rodillas ante el Padre de nuestro Señor Jesucristo, [15] de quien toma nombre toda familia en los cielos y en la tierra," (Efesios 3:10-15)

En el griego original la palabra que se traduce como "familia" es literalmente la palabra paternidades. Por ende ese verso debería de leerse "Por esta razón doblo mis rodillas delante del Padre, de quien provienen todas las paternidades en los cielos como en la tierra." Esto es importante pues nos enseña que existen paternidades tanto en los cielos como en la tierra. Podemos ver la conexión de esta palabra con el concepto de familia. Una familia es creada por un padre a través de la procreación.

Podemos ver como esto también era verdad entre los padres de la nación de Israel, los patriarcas Abraham, Isaac y Jacob. A través de ellos la nación Israelí tuvo sus inicios. Sin embargo hoy en día esta idea de la paternidad tiene una aplicación mucho más amplia que la física. Es utilizada en relación con alguien que concibió algo o creó algo. En ese sentido la palabra padre se utiliza para un repertorio de personas desde políticos hasta capitanes de la industria. En los Estados Unidos aun nos referimos a George Washington como el padre de nuestro país. La Biblia relata en Génesis 45:8 que Dios hizo a José un "padre" para el faraón. Orville y Wilbur Wright son correctamente llamados los "padres" de la aviación debido a que a ellos se les atribuye con los primeros logros de viajes aéreos. Simón Bolívar es comúnmente llamado el padre de varias naciones Sudamericanas. Una de las cosas que debemos recalcar es que los que reciben el titulo de "padres" son aquellos cuyas cosas que iniciaron continuaron existiendo. Hoy en día nadie se refiere a Teddy Roosevelt como el padre del partido político "Bull Moose" puesto que este ya ceso de existir. Un padre es alguien quien inicia algo, una familia, industria, nación, o iglesia, que perdura después de el. Una "paternidad" significa el comienzo de alguna vida o visión que fue iniciada a través de un individuo y que continua hasta hoy.

Las Iglesias Tienen Padres

Como en el caso de las naciones y sistemas políticos, iglesias son también iniciadas por padres. Una iglesia es fundada por la unción de Dios y la entrega de una visión a una persona. La vida del Padre es impartida a alguien, y esta, a su debido tiempo, crea una visión en ese individuo. Luego esta persona imparte esa visión a otros y normalmente el resultado de esto es la fundación de una iglesia.

Muchas veces nos referimos a estas personas como pioneros del evangelio; aquellos que están dispuestos a arar la tierra y abrir brecha. Los Estados Unidos fueron fundados por tales pioneros; hombres y mujeres con la visión de asentarse en los lugares despoblados de Norte América. Por ser visionarios usualmente ellos inspiraban a muchos a seguirlos. El resultado fue la colonización del oeste americano y el crecimiento rápido de la nación.

Iglesias son usualmente fundadas por tales pioneros. Esto es especialmente cierto en relación a aquella primera generación de Iglesias fundadas por los apóstoles en el Nuevo Testamento. Estos apóstoles eran hombres que compartían el sentir del corazón y la vida del Padre y que por ende dieron a luz nuevas familias espirituales. Es por eso que el apóstol del primer siglo era primordialmente un levantador de obras, un planta iglesias. El principió de la vida esta en el padre y a manera que la vida fluye a través de el las cosas son iniciadas.

Pablo, en su apelación a la iglesia de Corinto cuando esta estaba rechazando su autoridad apostólica les recuerda como fue que el terminó siendo su padre espiritual:

9 Porque según pienso, Dios nos ha exhibido a nosotros los apóstoles como postreros, como a sentenciados a muerte; pues hemos llegado a ser espectáculo al mundo, a los ángeles y a los hombres. 10 Nosotros somos insensatos por amor de Cristo, mas vosotros prudentes en Cristo; nosotros débiles, mas vosotros fuertes; vosotros honorables, mas nosotros despreciados. 11 Hasta esta hora padecemos hambre, tenemos sed, estamos desnudos, somos abofeteados, y no tenemos morada fija. 12 Nos fatigamos trabajando con nuestras propias manos;(A) nos maldicen, y bendecimos; padecemos persecución, y la soportamos. 13 Nos difaman, y rogamos; hemos venido a ser hasta ahora como la escoria del mundo, el desecho de todos. 14 No escribo esto para avergonzaros, sino para amonestaros como a hijos míos amados. 15 Porque aunque tengáis diez mil ayos en Cristo, no tendréis muchos padres; pues en Cristo Jesús yo os engendré por medio del evangelio. 16 Por tanto, os ruego que me imitéis.(B) 17 Por esto mismo os he enviado a Timoteo, que es mi hijo amado y fiel en el Señor, el cual os recordará mi proceder en Cristo, de la manera que enseño en

todas partes y en todas las iglesias.
(1 Corintios 4:9-17)

El apóstol comienza a referirse a el mismo y a otros apóstoles como "los postreros" o "los últimos de todos," una clara referencia a la persecución y dificultades que los asediaban. Para Pablo, estas no eran razón de avergonzarse, al contrario, eran las credenciales mismas que autenticaban su ministerio. Los verdaderos apóstoles deben sufrir esta cosas, de parte del mundo, no de la iglesia valga la aclaración, por tanto los Corintios no deberían sentirse avergonzados de los sufrimientos de Pablo. Pablo habla de esta forma por que precisamente eso era lo que estaba ocurriendo. La iglesia de Corinto había sido seducida por "súper-apóstoles" quienes los convencían de que las dificultades de Pablo eran evidencia de que el no era un verdadero apóstol. En sus mentes, un verdadero apóstol nunca sufriría estas cosas.

Pablo entonces basa su apelación en el hecho de su relación de "padre" con ellos (v.15). Fue el quien les presento el evangelio por primera vez (Hechos 18). Este es el principio de iniciación del cual nos habíamos referido anteriormente. El era su padre pues el era su apóstol, ellos no existirían si no fuera por el. Como pablo los había engendrado, ellos eran sus hijos y por eso le deberían honrar.

El apóstol revela aun más profundamente su corazón de padre cuando habla de enviarles a Timoteo para que les diga todo lo que Pablo les hubiera querido decir en persona. Aquí vemos otro aspecto del Padre. Los hijos son llamados a ser fieles a lo que recibieron de sus padres para luego ellos referírselo a otros. En los capítulos 4 y 5 hablaremos de la tremenda bendición que se derrama cuando esta fidelidad ocurre. Entonces vemos que este aspecto de la paternidad esta claramente ejemplificado en Pablo. El había engendrado a muchos hijos en la fe, y el esperaba que estos le honren como hijos. Nosotros sabemos por lo que esta escrito que muchas iglesias no hicieron esto y terminaron con tremendos problemas por rechazar la vida y enseñanzas de su padre espiritual Pablo. Sin embargo, el continua apelando a ellos como un padre que espera que sus hijos vuelvan en si y reconozcan que necesitan honrarlo.

Quizás la noción más importante que podemos guardar de todo esto es que la habilidad de alcanzar su destino y propósitos de las iglesias depende grandemente de su habilidad de honrar a sus padres espirituales. Esto era grandemente cierto en el Nuevo Testamento y es cierto hoy también. Hay una gran fuente de bendición cuando una iglesia honra a sus padres. Desafortunadamente, como veremos mas adelante, muchas iglesias no han honrado a sus padres espirituales y esto a dado como resultado que no participen de grandes bendiciones. Pues el mandamiento de "honrar padre y madre," se aplica a nuestras familias naturales primordialmente, pero sin duda también se refiere a nuestros padres "y madres" espirituales. Esto lo vamos a ver más a fondo en la próxima parte del Libro.

Parte 2

*

LA IMPORTANCIA DE HONRAR A LOS PADRES

4

BENDICIONES Y MALDICIONES

En la primera parte de este libro hemos visto cuan importante son los padres en la economía de Dios. Dios ha llamado a los padres a ser aquellos quienes comparten Su corazón de Padre y lo transmiten a otros. Es a través de los padres que Dios inicia Su obra para que vida sea producida en muchos otros. En los últimos tiempos, Dios utilizara de manera especial a los padres para comenzar muchas cosas maravillosas en la tierra. SI no tenemos a padres como modelos que seguir, nosotros no podremos levantar padres para iniciar la obra. Solo padres pueden producir padres.

En esta segunda parte llamada La Importancia de Honrar a los Padres, vamos a examinar la actitud que Dios quiere que tengamos hacia aquellos que son padres espirituales en medio de nosotros. Mientras anteriormente mencionamos esto brevemente ahora lo examinaremos mas a fondo. Muchas de las bendiciones que Dios tiene para su pueblo dependen de la actitud que este tenga hacia los padres. De la misma manera que existe una enorme promesa para aquellos que honran a sus padres terrenales, existen grandes promesas para los que lo hacen con sus padres espirituales. El ignorar esto nos alienaría de muchas bendiciones que Dios tiene para su Iglesia.

Primeramente, debemos de honrar a los padres por que Dios lo ordena y el mismo los honra. La Palabra de Dios esta repleta de instancias donde Dios espera que se honre a los padres. Una de las cosas que tenemos que dejar en claro desde un principio es que los padres no son honrados en la base de cuan perfectos son o por que todo les sale bien. Nosotros podemos ver en la historia de los patriarcas de Israel como la Biblia no nos mantiene inocentes de los errores y pecados de Abraham, Isaac, Jacob y Moisés. No debemos ilusionarnos, los padres son seres humanos y no son seres que han alcanzado un estado sublime de santa perfección. En realidad no hay nada espectacular a cerca de estos hombres, sino fue la gracia de Dios actuando en sus vidas. El los escogió y por tanto los Amo. Y como los Amo, escogió y amo a su descendencia. Es por eso que el Nuevo Testamento dice de sus descendientes:

> [28] Así que en cuanto al evangelio, son enemigos por causa de vosotros; pero en cuanto a la elección, son amados por causa de los padres. (Romanos 11:28)

Este verso nos enseña el porque es tan importante honrar a los padres. Ya que es a través de ellos que hemos recibido la vida debemos de honrarlos. El principio esta claro: donde quiera que hay vida tiene que haber honra. Y debido a que toda la vida fluye de vuelta a la fuente, Nuestro Creador y Padre, ultimadamente todo el honor le pertenece a El y solo a El, la Fuente de toda bendición y fortaleza.

El Maldecir a un Padre

El libro de Proverbios esta lleno de pasajes a cerca de la relación correcta entre padres e hijos. Lo que mucha gente no entiende es que el libro de Proverbios era el manual de discipulado para el pueblo de Israel. Debido al hecho de que todo israelí tenía como meta desarrollar un corazón sabio, Proverbios proveía instrucciones prácticas a cerca de cómo obtener sabiduría y discernimiento. Y en el centro mismo de esa sabiduría estaba el trato correcto hacia aquellos que le habían dado la vida a uno.

[20] Al que maldice a su padre o a su madre, Se le apagará su lámpara en oscuridad tenebrosa. (Proverbios 20:20)

[17] El ojo que escarnece a su padre Y menosprecia la enseñanza de la madre, Los cuervos de la cañada lo saquen, Y lo devoren los hijos del águila. (Proverbios 30:17)

Cuando consultamos las concordancias de Strong en relación a la palabra maldición que aparece en los textos previos nos damos cuenta de muchas cosas curiosas. Esta es definida como; "burlarse de, ridiculizar, minimizar; abatir, traer en menosprecio y repulsión, tener poca estima." Obviamente, esto difiere de lo que comúnmente se conoce como maldecir – entonar hechizos o pronunciar oráculos nefastos sobre alguien. De hecho, ni siquiera se refiere a que tú hables mal directamente de tu padre, aunque definitivamente lo incluye. Cualquier forma de tener a un padre en poca estima o burlarse de ellos, aun en el corazón es maldecirlos y esto trae el juicio de Dios.

Por tanto, proverbios dice que el resultado de menospreciar en mi corazón a mi padre tendrá como resultado el que yo experimente una disminución de mi entendimiento y sabiduría. Y si no me arrepiento el resultado será la pérdida total de toda sensibilidad y por ende el caminar en las tinieblas más oscuras. Esto consiste en que uno termina caminando "en su propia luz," y esto es una tragedia.

> [11] He aquí que todos vosotros encendéis fuego, y os rodeáis de teas; andad a la luz de vuestro fuego, y de las teas que encendisteis. De mi mano os vendrá esto; en dolor seréis sepultados. (Isaías 50:11)

Es necesario estar ampliamente iluminados si es que vamos a construir la iglesia de Dios de manera apropiada. Muchos son engañados por personalidades persuasivas y dones naturales. Para el falto de entendimiento estas pueden camuflarse como la verdadera unción. Así que muchos planes pueden parecer buenos a la mente y en lo natural, ya aun podrían hasta dar resultados positivos por un tiempo. Pero, nada producirá fruto que permanezca si no es iniciado por la luz de Cristo que es el Espíritu Santo. Y solo el fruto que permanece trae gloria a Dios.

Ceguera Espiritual y Orgullo

La luz que viene de Cristo no tiene sombra. Cuando encendemos nuestro propio fuego no podemos hacer otra cosa sino proyectar nuestra sombra. Cuando tratamos de guiarnos por nuestro propio fuego siempre hay sombras que estorban en camino.

En el pasaje de Proverbios 30:17 que vimos ilustra este mismo principio menospreciar y burlarse de un padre tendrá como causa la perdida de la vista. El ser ciego espiritualmente, especialmente en nuestros días, es algo verdaderamente aterrador para alguien que desee guiar al pueblo de Dios.

El Libro de Proverbios también habla de otro tipo de ceguera:

> [11] Hay generación que maldice a su padre y a su madre no bendice. [12] Hay generación limpia en su propia opinión, Si bien no se ha limpiado de su inmundicia. (Proverbios 30:11-12)

Este pasaje muy probablemente habla de la forma más insidiosa de ceguera espiritual, el orgullo o soberbia. El escritor habla de una generación que se ve "pura y recta ante sus propios ojos, cuando en realidad están sucios delante de Dios. El resultado del orgullo es que éste los engaña para que no puedan ver su realidad delante de Dios.

Tristemente, hay muchos líderes en el cuerpo de Cristo que rebalsan de orgullo, y sin embargo están ciegos a él. En los líderes generalmente se manifiesta en el rechazo a trabajar con otros y se aíslan de los demás. Sienten que no necesitan que nadie les corrija o que ellos tengan que rendirle cuentas a nadie, en realidad huyen de tales cosas como si sus vidas dependieran de ello. Ellos no entienden el plan de Dios de restaurar a los Padres y la necesidad de relacionarse apropiadamente con ellos. Así que trabajan solos y evaden toda relación profunda, especialmente con aquellos que son padres. Mientras que pueden sobresalir en cuanto a dones y liderazgo, llegando a grandes logros inclusive, ellos mismos nunca se sujetaron al consejo de otros. Ellos tenazmente rehúsan toda relación que amenace con exponerlos.

En defensa de muchos, debemos también decir que muchos de estos "llaneros solitarios" han sido defraudados por autodenominados líderes apostólicos que no exhibían un verdadero corazón de padre. Las ambiciones de la carne vistas en tantos líderes han dejado con un mal sabor a muchos ministros. Mencione nada mas la palabra apóstol y usted vera como fruncen el rostro. Muchos han sido heridos por el legalismo o por un sistema jerárquico de apostolado donde el apóstol se sirve de los demás en vez de servir – como debe de ser. Por tanto no nos debe de sorprender que no confíen en los verdaderos padres cuando estos se acercan a ellos, y que les pudieran hacer tanto bien si se relacionaran con ellos en la forma apropiada.

Es por esto que tantos buenos líderes caen en pecado. Ellos son incapaces de ver que aun no han sido "lavados de su inmundicia" en sus propias vidas. No hay nadie quien les amoneste. Por esto y por que se rehúsan a abrirse a relaciones sin caretas con padres verdaderos, que Dios los deja desprotegidos a los ataques del enemigo. Los padres verdaderos tienen el propósito en Cristo de ahorrar dolor a sus hijos. Que triste es ver a los hijos cometer los mismos errores o pecados que sus padres, simplemente por que son muy obstinados u orgullosos para escuchar el consejo de ellos. Aquellos que mantienen un aire de independencia terminan pagándolo caro a largo plazo.

En un punto de su vida el apóstol Pedro era muy orgulloso e independiente como para aceptar lo que Jesús quería que hiciese en su vida. En la víspera de su pasión, cuando Jesús lavaba los pies de sus discípulos, Pedro se resistió y protesto abiertamente:

> [8] Pedro le dijo: No me lavarás los pies jamás. Jesús le respondió: Si no te lavare, no tendrás parte conmigo. (Juan 13:8)

Detrás de las palabras de Pedro no se encontraba un corazón humilde que se sentía demasiado vil como para aceptar lo que Jesús quería hacer. Al contrario, ¡era un corazón orgulloso que lo hacia resistir! Que privilegio mas grande Pedro se iba a perder por su orgullo e independencia. Afortunadamente, el Señor trabajo pacientemente con su discípulo hasta que este no solamente estaba dispuesto a que le laven los pies, sino hasta todo su cuerpo.

Lo que importa de esta historia es que Jesús extendía su servicio a todas las personas:

> [14] Pues si yo, el Señor y el Maestro, he lavado vuestros pies, vosotros también debéis lavaros los pies los unos a los otros. (Juan 13:14)

Contrario a lo que muchos piensan el Señor no estaba estableciendo el sacramento de lavado de pies. Lo que El estaba haciendo era definir el ministerio del Cuerpo de

Cristo como el servicio de "lavarse los unos a los otros" en Cristo. Nosotros debemos de sobreponernos a esta independencia que es algo natural en todos y aprender a lavar a otros como a ser lavados también. El rehusarnos es una indicación de orgullo; "no necesito que nadie me lave los pies."

Esto tiene aun mas relevancia cuando lo aplicamos a la relación padre e hijo en estos últimos tiempos. Padres tendrán que sobreponerse a ambiciones y deseos de controlar a otros, aprendiendo a lavarles los pies a sus hijos en verdadera humildad y amor. Esto significa que ellos no podrán actuar con una actitud independentista. Los hijos de la misma manera tendrán que aprender a ser lavados en una actitud de verdadero honor y respeto (que a su vez lavara los corazones de sus padres). ¿Podemos ver como el padre ha preparado todo esto para que los padres necesiten de los hijos y los hijos de los padres?

Juan 1:12 dice que solo aquellos que recibieron a Cristo se les a dado potestad de ser llamados hijos de Dios. Por supuesto que esto es también cierto en cuanto a consejo y guía paternal se refiere. Aun Jesús aparentemente no hacía milagros donde la gente no lo recibía (Mateo 3:58). Muchas veces he sido testigo de que a través de padres se ha impartido grandes cosas simplemente por que fueron recibidos y honrados como padres. Es maravilloso como el Espíritu Santo puede actuar sobrenaturalmente a través de relaciones cuando los corazones son receptivos.

Una Historia a cerca del Recibir

Recientemente por la recomendación de un pastor, hijo mío en la fe con el cual he trabajado por muchos años, me reuní con un hombre. Este pastor estaba al final de sus fuerzas y estaba pensando en dejar el ministerio después de veinte años de servicio. El había invertido muchos años en levantar la iglesia donde ahora el pastoreaba. Había problemas por donde quiera que uno viera. El se había agotado trabajando y estaba enojado con los ancianos y hasta con algunos hermanos de la congregación. El se sentía que todos sus esfuerzos y trabajo por la iglesia no estaban siendo apreciados. En realidad el había trabajado mucho, pero en cuanto a relaciones estrechas le faltaba mucho.

El comenzó diciendo que yo tenia gran reputación para el, por el testimonio de otros dos hermanos. Finalmente el implícitamente dijo que yo era su ultimo recurso. El estaba listo a tirar la toalla, pero creía que yo le podía ayudar. El hablaba y desarrollaba la historia, yo simplemente escuchaba. Algunas de las cosas que le estaban sucediendo yo las había vivido. Y se lo dije. Luego de más o menos una hora de estarle escuchando yo comencé a recibir de parte del Espíritu Santo un par de cosas que decirle. Estas no eran curas para sus males, sino mas bien palabras que le dejaban entender que yo sabia donde el se encontraba espiritualmente hablando, y sugerencias de cómo caminar a través de las luchas y pruebas. Fui capaz de reprenderlo gentilmente por la forma que reacciono contra sus líderes y otros. El lo entendió inmediatamente, se rió y recibió la represión. Luego el se vio muy agradecido y animado. Yo sentía que no había dicho nada de gran profundidad o sustancia, pero aparentemente el Espíritu Santo había hecho algo sumamente importante. Lo animo a seguir. La llave de todo esto esta en la apertura del corazón de este joven ministro a recibir, el Espíritu Santo utilizo esto para hacerme un instrumento y animarlo a seguir adelante.

Nos decidimos seguir reuniendo, y nos visitábamos regularmente. Yo sabia que en un futuro tendríamos que hablar de temas fundamentales como la doctrina, el gobierno de la iglesia, y cosas semejantes. El lo iba a recibir y esto a su vez abriría las puertas para que su liderazgo también lo reciba. Esto podía ocurrir por la ley de la siembra y la cosecha. El estaba recibiendo, así que ellos ahora podían recibir de él. Sin la receptividad, nada se hubiera logrado. También, debemos notar que el buen testimonio de los hermanos concerniente a mi, abrió las puertas para el recibir de mi.

Muchos jóvenes en el ministerio han sido ayudados por sencillas palabras de amonestación y el ánimo que puede dar un padre. El único requisito es que uno este dispuesto a recibir. El Espíritu Santo puede actuar cuando nos abrimos y le dejamos actuar. Una relación genuina es un vehículo por el cual el Espíritu Santo se puede manifestar. Muchos dejan el ministerio en derrota por que no tienen ese tipo de relación. Fue para la salvación de Israel y Egipto que el faraón escuchó al sabio José, a quien Dios había puesto como padre para el Faraón.

Bendiciones: El Principio Racabita

Si deshonrar a los padres trae maldición lo contrario también es verdad – honrar a los padres trae bendición. El los últimos tiempos Dios va ha bendecir a su pueblo enormemente. Una de las formas por las cuales El procura hacerlo es a través de una generación de hijos que honran a sus padres.

La Biblia contiene gran variedad de hermosas palabras en relación a las bendiciones que fluyen para con los que honran a sus padres. Pero talvez el más tangible ejemplo en la Palabra de Dios es el de los Racabitas. Su historia la encontramos en el libro de Jeremías capitulo 35, es un vivido ejemplo de cómo Dios bendice la obediencia. Sin embargo, ella también nos anima grandemente en el área de honrar a los padres.

Dios instruye a Jeremías a probar a los hijos de uno llamado Jonadab, hijo de Racab. La prueba se trataba de poner vino delante de ellos y pedirles que lo tomen junto con Jeremías. Los Racabitas rehusaron su invitación por que su padre le había dado el mandamiento de no tomar vino, ni ellos ni sus hijos por todas las generaciones. Los Racabitas no iban a violar el mandamiento de su padre y por eso rehusaron el vino de Jeremías manteniéndose leales a su juramento de seguir el mandamiento de su padre.

Luego de que los Racabitas rehusaran el vino, Jeremías recibió una palabra de parte de Dios. Jeremías debía de hacer una comparación entre los hijos de Racab y el pueblo de Juda. Como unos se mantuvieron fieles a su padre y los otros no. ¿Si los Racabitas honraban a su padre cuanto más Israel no debía de honrar la Palabra del Dios Vivo? Pero no lo hicieron y por eso cayeron bajo el juicio de Dios.

Lo que es impresionante a cerca de los Racabitas es su absoluta lealtad a su padre; una lealtad que Dios no paso por alto. En Jeremías 35:19 Dios recompensa a los Racabitas por su lealtad diciendo que nunca faltara varón de esta familia que este delante de El. ¡Que gran promesa! Y todo esto por que ellos honraron a su padre y no bebieron vino. Esa honra fue vista por Dios y ellos fueron bendecidos mas allá de lo que se podían imaginar.

Esta es una historia poderosa que demuestra como honrar a los padres tanto espirituales como físicos trae grandes bendiciones. En estos últimos tiempos que Dios esta restaurando padres en su Cuerpo nosotros debemos aprender a honrarlos de manera apropiada, como Dios quiere que lo hagamos; si deseamos que el nos bendiga como a los Racabitas.

Una Actitud Correcta

Mucha gente no entiende que la actitud que tenemos hacia nuestro Padre Celestial se refleja en nuestra actitud hacia nuestros padres terrenales. El autor de hebreos entiende esto y lo explica claramente:

> Por otra parte, tuvimos a nuestros padres terrenales que nos disciplinaban, y los venerábamos. ¿Por qué no obedeceremos mucho mejor al Padre de los espíritus, y viviremos? [10] Y aquéllos, ciertamente por pocos días nos disciplinaban como a ellos les parecía, pero éste para lo que nos es provechoso, para que participemos de su santidad. (Hebreos 12:9-10)

De la comparación que Dios hace ente los Racabitas y aquellos que no escuchan a los profetas podemos concluir que la desobediencia a los padres terrenales es un problema interno que revela nuestra rebelión en contra de nuestro Padre Celestial. Lo que el pasaje en hebreos nos enseña es que la desobediencia atrae castigo. Lo contrario también es cierto, obediencia trae bendición. Si somos obedientes a Dios esto se manifestara en nosotros honrar a los que son padres en medio nuestro.

En el siguiente capitulo, vamos a explorar esto mas a fondo, viendo a un hombre que sobresalía en este asunto de honrar a los padres. Esta es una de las razones por las cuales Dios designa a David como un hombre "de acuerdo a su corazón."

5

EL CORAZÓN DE DAVID

En toda la palabra de Dios no existe alguien que ejemplifique mejor lo que es tener un corazón de acuerdo a Dios como el segundo rey de Israel, David. El es un buen termómetro para medir la obediencia y la actitud correcta para reemplazar reyes y lideres en Israel. Todos los reyes de Israel en cuanto a su obediencia y adoración a Dios fueron medidos con David como el ejemplo mayor. Sin duda, David fue uno de los líderes más exitosos y bendecidos de todos los tiempos.

Muchos han querido entender el por que del éxito de David, aunque este no es ningún secreto. Es aparente que el aprendió desde temprana edad que Dios "mira el corazón y no las apariencias," como dijo el Profeta Samuel cuando lo ungió a David. David conocía por ende el corazón de Dios y entendía que su bendición dependía mucho de la actitud de su corazón en relación a Dios y a los demás. Como parte de esto David aprendió también la importancia de honrar a los padres y la bendición que esto trae.

Los Comienzos de David

Nosotros debemos de comenzar reconociendo que David, como muchos de nosotros, no fue criado por un padre perfecto. En realidad la Biblia no nos dice mucho a cerca de Isai el padre de David. Lo poco que se sabe es en relación a su hijo. Por eso podemos leer entrelineas lo que pudo haber sido la niñez de David.

Lugo de que Dios desechara a Saúl, el profeta Samuel fue instruido a ir a Belén y ungir de entre los hijos de Isai al nuevo rey de Israel (1 Samuel 16). El mismo no sabía cual de los hijos de Isai era el escogido. El fue instruido a celebrar un sacrificio y allí Dios iba a revelarle cual de ellos era el que el debería de ungir como rey.

En la celebración, Samuel examino a cada uno de los hijos de Isai, y aunque cada uno impresionaba a Samuel Dios le decía que no ungiera a ninguno todavía pues ninguno era el escogido. Luego de que todos los hijos de Isai habían pasado adelante, Samuel pregunto al padre si tenía algún otro hijo. Fue entonces que Isai informo a Samuel que el si tenia un hijo mas, David, quien estaba cuidando las ovejas y no había sido invitado por Isai. Samuel indico que no comenzarían a comer hasta que David este en la mesa con ellos. Cuando él llegó, Dios mostró a Samuel que este era quien debía de ser ungido como rey de Israel.

Lo que es increíble es que Isai ni siquiera hubiese invitado a David, ya sea por ser el menor u otro motivo, pues esto mostraba que el no era importante ante sus ojos.

No es una especulación extrema el pensar que David debió haberse sentido rechazado, cuando no fue invitado.

Aparentemente esto ya había estado ocurriendo antes en la familia de David, pues mas adelante David sufrió un rechazo aun más grande. Cuando sus tres hermanos fueron a pelear en el ejército de Saúl en contra de los filisteos, David estaba en su casa atendiendo a las ovejas. Su padre lo envió al frente no a pelear a la par de sus hermanos, sino a llevarles comida hecha en casa y queso para los capitanes de ellos.

Cuando David llega con las provisiones, David ve al gigante Goliat y como el insultaba a Israel y retaba a todo el ejercito. Cuando David pregunto a cerca de la recompensa que había por matar a Goliat sus hermanos se burlaron de el y lo menospreciaron grandemente:

> [28] Y oyéndole hablar Eliab su hermano mayor con aquellos hombres, se encendió en ira contra David y dijo: ¿Para qué has descendido acá? ¿y a quién has dejado aquellas pocas ovejas en el desierto? Yo conozco tu soberbia y la malicia de tu corazón, que para ver la batalla has venido. [29] David respondió: ¿Qué he hecho yo ahora? ¿No es esto mero hablar? [30] Y apartándose de él hacia otros, preguntó de igual manera; y le dio el pueblo la misma respuesta de antes. (1 Samuel 17:28-30)

La actitud de desprecio de sus hermanos obviamente no apareció de momento, sino era una expresión de sus sentimientos hacia el que ellos llevaban dentro. David ciertamente no fue tomado en cuenta por sus hermanos de la misma manera que su padre lo había dejado de lado cuando Samuel vino a ungir un rey. Ellos lo acusaron falsamente de soberbia, sin embargo su orgullo de ellos era el que salía a la luz.

A través de los años he podido ver muchas familias donde el menor de los hijos es menospreciado o tenido por menos por sus hermanos mayores. A menudo ellos son tachados como bebes y nunca pueden salir de ese estigma ante los ojos de sus hermanos. Es muy curioso como aquellos que están mas cerca de uno son los últimos en darse cuenta o aceptar que Dios está obrando madurez y perfección en uno. Comúnmente lo juzgan a uno de acuerdo al pasado y lo descartan. Uno nunca puede crecer en sus ojos. Esto es trágico no solo cuando lo vemos en familias sino también en la Iglesia, donde los que están maduros en la fe siempre tienen por indoctos e dependientes a los demás y nunca los dejan crecer en el Señor. Esto resulta en el rechazo del valor que el hermano tiene como persona.

En todo esto no se ve ni una sola vez que David haya guardado rencor o que su corazón no sea recto para con su padre y familiares. El estaba siendo un hijo obediente cuando llevo las pasas y el queso a sus hermanos en el frente de combate. Y el se rehusó a dejar que el menosprecio de sus hermanos lo hundan en la depresión o autocompasión, y que impidan el desarrollo de su vida y ministerio. Al contrario el mantuvo su mente y corazón limpios para así poder escuchar claramente la voz de Dios, y tomo la oportunidad para matar a Goliat y ganar una gran victoria para Israel y Dios.

La Sumisión de David a Saúl

Luego de que Samuel ungiera en secreto a David como el futuro rey de Israel, David fue adoptado a la familia de Saúl y fue reclutado al servicio del Rey. No pasó mucho tiempo hasta que el rechazo nuevamente vino a la vida de David. Esta vez de parte de su padre espiritual, Saúl. La evidente unción de David para la guerra y su liderazgo atrajo la ira del inseguro Saúl. Arrastrado por un espíritu maligno, Saúl perseguirá a David por muchos años e inclusive le intentara quitar la vida. Aunque muchos hoy en día se quejan de sus padres, me pregunto, ¿cuantos han tenido a un rey y guerrero como Saúl tratar de clavarlos contra la pared con una jabalina? (1 Samuel 19:10) Sabemos que por lo menos dos veces David estuvo sujeto a tal tratamiento.

Contrario a Saúl, David tuvo dos ocasiones para matar a Saúl y no lo hizo, aunque sus hombres se lo pedían que hiciera. En una de estas ocasiones (1 Samuel 24:3-20), el corazón de David para con Saúl sobresale por su ternura. En esta ocasión cuando David se refiere a Saúl como "su padre" (v. 11), y Saúl se refiere a David como "hijo mío," David demuestra lo bueno de su corazón cuando dice que aun el cortarle el borde del manto a Saúl le pesaba en la conciencia. Debemos de recordar que el manto del rey, representaba su reputación y David estaba acongojado por haber mermado esa reputación de Saúl aunque sea el borde de esta. ¡Que bueno seria si el cuerpo de Cristo fuera así de sensible para con sus consiervos! Cuantas veces aunque no atacamos a alguien, si insinuamos algo que sabemos va a minar su posición y prestigio. David no izo eso, el no permitió que ninguna raíz de amargura crezca en su corazón. No importando la actitud de Saúl el era un padre y David se iba a comportar adecuadamente para con el. Nótese que David recibió como recompensa, una profecía de la boca misma de Saúl, de que David no solamente iba a prosperar sino que también iba a ser rey (v.20)

Cuan Dulce Es

Dos veces he recibido profecías que me animaron grandemente, de labios de personas que se oponían a mí tenazmente. Mi memoria favorita en cuanto a esto es cuando estaba siendo ordenado, unos treinta años atrás. Un hombre indisciplinado pero con un verdadero don profético, que continuamente había causado discordia en la Iglesia, se apareció en medio del servicio de ordenación y se sentó en uno de los últimos asientos. Tan solo unos días antes le había reprendido fuertemente por unas acciones que había hecho y le prohibí profetizar por un tiempo; su respuesta fue salirse de la iglesia y decir que nunca mas regresaría. Y bueno ahí estaba. Decidí no mostrar ninguna señal de descontento y preferí orar en silencio pidiendo a Dios que no le permita abrir la boca, pues sentía que el quería hacerme daño. De repente el se puso en pie y con una voz que retumbaba todo el lugar dio una de las profecías a cerca de mi futuro que mas me animaron en toda mi vida. Parte de su profecía era en relación a Isaías 54:17, que ningún arma forjada contra mi prosperara. Esa profecía fue de mucho valor para mí a través de los años, a manera que diferentes luchas y batallas se presentaron. Yo estaba seguro que esa profecía venia de Dios pues el nunca hubiera dicho esas cosas por iniciativa propia. Yo pelee la buena batalla muchas veces en los hombros de esa promesa.

Solo me puedo imaginar como David se aferro a esa profecía hecha por Saúl en 1 Samuel 24:20. Puedo imaginarme a David saboreando y recordando esa promesa en oscuras noches en medio del desierto.

David Honra a Saúl

Rehusando hacer justicia por su propia mano, Dios honró a David y finalmente lo libró de Saúl. En esto, David brilla aun más que antes. ¿Quien podría juzgar a David si este se regocijara por la muerte de Saúl? Sin embargo David continúa honrando a Saúl como cuando este estaba vivo. Estaba en el corazón de David el honrar a un padre por principios no por que el crea que lo merecía o no, no por ganancia política.

Cuando Saúl muere fueron los hombres de Jabes-Giliad quienes tomaron los cuerpos de Saúl y Jonatan del muro filisteo y les dieron sepultura. Esto fue en respuesta a que Saúl había salido a la defensa de Jabes-Giliad cuando esta estaba siendo atacada. Uno de los primeros actos de David como rey fue el remunerar a estos hombres por honrar a Saúl. David hubiera estado justificado en tratar de borrar la memoria de Saúl pues Abner, el comandante del fallecido Saúl esta preparando un ejército para impedir el Reinado de David. Sin embargo David conocía el principio de honrar a los padres, aun cuando estos le habían tratado tan mal. En palabras del Nuevo Testamento el sabía "dar honra al que se le debe honra" (Romanos 13:7). Este fue un Principio fundamental para David, y un principio que le trajo gran bendición y prosperidad.

David se lamentó públicamente por la muerte de Saúl, con ayuno y llanto (2 Samuel 1). David también sentencio a muerte al Amalecita que mato a Saúl por su obvia falta de respeto hacia el "ungido de Dios." David también mando a traer los huesos de Saúl para enterrarlos en el sepulcro de Kish, padre de Saúl, con gran honra y solemnidad. Y así David continuo honrando a Saúl muchos años después de su muerte. El "honro a su padre y a su madre," y recibió la bendición.

Honrando a los Padre en Nuestros Días

El ejemplo de David es un poderoso incentivo para los jóvenes. Hay muchos que están temporalmente en situaciones donde están sujetos a hombres parecidos a Saúl – quienes no desean lo mejor para ellos. Algunos inclusive han sido maltratados y se les pide que se sometan a situaciones horrendas. A través de los años hemos oído las espeluznantes historias de cómo aquellos en autoridad espiritual abusan a los que están bajo su cuidado bajo la cubierta de sumisión y sujeción.

Mientras que este abuso nunca es justificable, Dios muchas veces utiliza esas situaciones para enseñarles a los jóvenes a honrar a los padres no importando como estos los tratan. Debemos de decidir en nuestro corazón, que honrar a los padres es honrar a Dios. Cuando nos encontramos en esas situaciones debemos saber que Dios no nos ha abandonado, sino que tiene mucho que enseñarnos de su buen corazón. Como siempre la pregunta no es ¿nos han hecho daño? Sino, cómo decidimos responder. Nosotros vamos a honrar aun a aquellos que nos hacen daño, por que hemos aprendido la profunda verdad que Dios honra a los padres.

Desafortunadamente, hay muchos que no pasan la prueba y odian a aquellos padres en sus vidas. Están amargados y no dicen nada bueno a cerca de sus padres espirituales. Solo hablan del abuso y sufrimiento y por ende no honran a sus padres. Cuan fácil hubiera sido para David sucumbir al odio y deshonrar a Saúl. Pero el hombre que era "conforme al corazón de Dios" se sobrepuso a ello y siguió honrando a Saúl aun después de que este haya muerto y que David esté en el trono. El sabía la verdad de que Dios honraba a los padres y lo practicó en su propia vida.

De hecho, en lo profundo del deseo de David de honrar a Saúl estaba una sana dosis de temor de Dios. Es improbable que honremos a los padres, especialmente a los abusadores, si no tenemos ese respeto por Dios que transforma todas las relaciones. Esto es lo que hacía a David un hombre "conforme al corazón de Dios." Y esto es lo único que permitirá que nosotros honremos a aquellos que han sido puestos como padres en nuestras vidas, aun si ellos actúan sin tener nuestro mejor interés en mente. Rogamos a Dios que levante en nuestros días una generación de hombres y mujeres que sean como David, conforme al corazón de Dios.

Parte 3

*

LA CORRECTA FUNCIÓN DE LOS PADRES

6

HONRANDO
A HIJOS E HIJAS

Hemos visto en los anteriores capítulos que Dios espera que los hijos e hijas den la honra apropiada a sus padres tanto naturales como espirituales. Esto no solamente es un principio claramente visto a través de toda la Biblia, sino que es también un canal de gran bendición para nuestras vidas. Vida, bendición, revelación y prosperidad todas fluyen de tal obediencia. Es de notar que muchos jóvenes se han portado apropiadamente para con sus padres espirituales y por ende han recibido gran bendición.

También hemos visto que Dios espera que se honre a los padres aun cuando estos no se lo merezcan. David es un poderoso ejemplo de un hombre que honro a su padre espiritual aun cuando este definitivamente no lo merecía. Dios lo bendijo por esto y David recibió la autoridad que anteriormente había sido de Saúl.

Habiendo dicho esto, seria mucho, pero mucho mejor que al contrario de Saúl, los padres se comportaran en una forma que a sus hijos no les cueste honrarlos y someterseles. En esta parte del libro vamos a analizar un problema que aflige a muchos futuros padres: El que dificultan a sus hijos e hijas el relacionarse con ellos apropiadamente. En este capitulo y en los siguientes veremos que cualidades del corazón de padre son las que deben de sobresalir para aliviar las tensiones y expandir el reino de Dios. Debemos reconocer que a manera que los padres encarnan estas cualidades facilitaran a sus hijos el darles honra y por ende las bendiciones fluirán libremente desde los cielos. Al contrario si estas cualidades no se encuentran en el líder, uno puede esperar conflictos, dolor, falta de vida y unción. No es lo mejor para los hijos de Dios el tener que honrar a padres a pesar de sus acciones, sino es que los honren por sus acciones. Padres son aquellos que son excelentes en ciertas áreas y cualidades y por eso son honrados por todos los que se encuentran a su alrededor.

El Líder Estilo Saúl

Uno de los problemas que afligen a los lideres dentro del Cuerpo de Cristo es que erróneamente ellos derivan su concepto de liderazgo de lo que ven en el mundo. El concepto que el mundo tiene de lo que es un líder es de una persona que esta sentada encima de todos los demás y quien tiene toda la autoridad. Ellos cometen el error fatal de asemejar liderazgo con posición y autoridad.

Hemos visto en los anteriores capítulos que este era el concepto de liderazgo de Saúl. Como el no tenia ni fe ni temor de Dios, el creía que tenia que defender su autoridad de cualquiera que quisiera usurparla, real o imaginario. El se olvidó que fue Dios quien le dio la autoridad y posición en Israel. Habiendo perdido su conexión vital con Dios, el se embarcó en una campaña de protección del trono contra cualquier aspirante. Esto, como generalmente ocurre, lo llevó al engaño y la paranoia. Asumiendo erradamente que David quería arrebatarle el trono, el paso el resto de sus días tratando de matar uno de sus siervos mas leales que solo había demostrado la mas alta calidad de lealtad hacia él.

Desafortunadamente, hoy en día existen muchos líderes estilo Saúl en la Iglesia. No teniendo una relación viva con Dios, ellos viven sus vidas en el temor de que alguien venga y les quite su ministerio y autoridad. Esto generalmente tiene resultados devastadores si la persona afectada es el Pastor de una iglesia. A menudo, un pastor estilo Saúl echara mano de la manipulación y otras técnicas humanas para lograr que la gente haga lo que el desee. Todo lo trata de justificar diciendo que es "para salvar la iglesia" o "proteger a las ovejas," cuando en realidad lo que el esta haciendo es simplemente "proteger su territorio." Esto generalmente deja una devastación total en la vida de muchas personas.

El resultado es aun más doloroso en el caso de apóstoles y aquellos que tienen autoridad e influencia sobre muchas iglesias. Yo he sido testigo del tipo de abuso que ocurre cuando hombres invocan la autoridad apostólica para dirigir los asuntos de iglesias locales sin tomar en cuanta para nada a los líderes de esa iglesia. El empuñar la autoridad apostólica puede ser una cosa tenebrosa cuando los que la desenvainan toman su ejemplo de Saúl. Devastan vidas y esto causa que al verlo otros la raíz de la autoridad verdadera sea debilitada a través del mundo entero.

¿Cual es el problema de tales líderes? El problema no consiste en que tales hombres no deberían tener autoridad – es que esa autoridad esta siendo ejercida por aquellos que no tienen un entendimiento básico, madurez y carácter bíblico para guiar el cuerpo de Cristo. Pues la verdad es que lideres verdaderos dentro del Cuerpo de Cristo son aquellos que ejecutan la autoridad apropiadamente, con un corazón y carácter como el de Cristo y que se relacionan estrechamente con los que ellos rigen. Verdaderos apóstoles son aquellos con verdadera autoridad delegada a ellos de parte del ¡mismo Jesucristo! La noción de que la autoridad esta únicamente ocupada en la supervisión, sin ninguna relación profunda y significativa, es algo absurdo que ha llevado a la falta de unción que vemos en muchos grupos.

Esto debe de ser entendido si es que vamos a ver emerger verdaderos padres en nuestros días. Por que padres deben ser aquellos que hablan y actúan con autoridad, sin ser autoritarios. Ese tipo de hombrees ejercen la verdadera autoridad porque su carácter exhibe la naturaleza del Cordero de Dios. Como El ellos deben de demostrar la humildad y mansedumbre de Cristo

Humildad y Mansedumbre

Pregunte a la gente y la mayoría jamás mencionara a la humildad y mansedumbre como una de las características más importantes de un líder. Pero como ya lo hemos mencionado las características que Dios busca en un líder y las que el mundo desea son muy diferentes. Esto se vuelve aun más claro cuando vemos esta súper-importante característica de humildad y mansedumbre. El mundo no incluye esta característica cuando piensa en líderes. Sin embargo en el reino de Dios esto es una cualidad indispensable especialmente para aquellos que van a ser padres dentro del cuerpo de Cristo.

Podemos ver tanto en el Antiguo como en el Nuevo Testamento numerosos ejemplos donde estas cualidades son vistas en la gente de Dios. Hemos visto cómo David es un ejemplo de cómo los hijos se deben de relacionar con los padres. Pero David también es un excelente ejemplo como líder. David también sobresalió por su humildad y mansedumbre como líder. ¿Cómo es que el aprendió la importancia de esta cualidad? Me parece que el la aprendió de cómo Dios trabajaba con el:

> "Me diste asimismo el escudo de tu salvación; Tu diestra me sustentó, Y tu benignidad me ha engrandecido. Ensanchaste mis pasos debajo de mí, Y mis pies no han resbalado. Perseguí a mis enemigos, y los alcancé, Y no volví hasta acabarlos. Los herí de modo que no se levantasen; Cayeron debajo de mis pies." (Salmo 18:35-38)

En este pasaje, David reconoce que su Padre Celestial le había hecho grande aun en la violenta tarea de la guerra. Esta palabra deja en claro que el factor que moldeó su éxito fue la benignidad – La benignidad de Dios lo afecto profundamente. David utiliza la palabra anvah, en hebreo esta palabra simplemente significa humildad y mansedumbre. ¡Que Revelación! David esta diciendo que es la humildad de Dios, su "despojarse de si mismo" para ayudarlo que lo hizo de David un vencedor. Esto será suficiente para enterrar por siempre la noción de que la benignidad o humildad es una característica de un líder débil. Como es la forma en que Dios lidia con su pueblo nunca la tomemos como pasada de moda.

Misericordia es Mejor que la Vida

Había una vez un hombre cuyo hijo adolescente era exactamente igual a el en carácter. Ambos el padre y el hijo tenían personalidades fuertes, eran hacedores y triunfadores. Se amaban mucho el uno al otro, pero inevitablemente vinieron las confrontaciones y pleitos cuando el muchacho comenzó a establecer su propia identidad y entrar en la madurez.

El padre había luchado duramente por muchos años para lograr su propio "imperio," y al hacer esto el había dejado de lado lo que el debía de haber hecho que es solidificar la relación con su hijo. El había sido negligente en esto. Aun más, la insensibilidad natural de su personalidad hacia que el problema creciera en vez de disminuir. El deseo de parte del hijo de establecer su propio "territorio" se desarrolló lentamente en una actitud rebelde, ya que el padre no aceptaba ninguna oposición a lo que el decía o quería. El no estaba acostumbrado a que sus "subalternos" le contestaran. Su hijo que era igual a el no se quedaba callado y siempre cuestionaba y se oponía. Hasta que un día el hijo, ya mayor estatura que el padre, mirándole a su padre a los ojos rehusó seguir una orden directa. En una revelación instantánea el padre se dio cuenta que el no podía hacer nada para cambiar la situación inmediata que no tenga como fin una pelea a golpes con su hijo. Para colmo, el no estaba tan seguro de que ganaría tal contienda. Diez años ataras con simplemente tocarse el cinturón ya todo el problema hubiera estado resuelto.

El se dio la vuelta y salio del lugar, con un vacío en su interior, de que había perdido parte de su autoridad. El comenzó ha hablar seriamente con el Señor a cerca de su hijo. En vez de recibir una nueva revelación de cómo mandar, el se sorprendió al escuchar al señor decir: "Misericordia es mejor que la vida, solo ámalo en vez de ordenarle y veras lo que ocurre."

El padre amaba profundamente a su hijo y estaba muy atribulado por los eventos recientes. El comenzó a cambiar radicalmente su táctica. Ya no habría más esa actitud autoritaria, sino amor y aceptación. Viajes de pesca con genuinos momentos de compartimiento se volvieron la norma. Y el padre hizo el intento de tratar al hijo con respeto como si fuera un adulto.

Unos meses mas tarde ambos se encontraban en un viaje de pesca mar adentro en los cayos de la Florida. El padre había estado enfermo por un tiempo y estaba en recuperación. De repente la temperatura comenzó a bajar el lugar donde ellos se encontraban no tenia calefacción. A eso de las tres de la mañana el padre sintió como si alguien estuviera inclinándose sobre el en la oscuridad de la noche. Era el hijo que se había levantado, y había ido al lugar donde estaba estacionado su automóvil, una media hora de viaje, y había conseguido un abrigo con el cual el ahora intentaba cuidadosamente de cubrir a su padre. Dándose cuenta que el había despertado a su padre el Dijo: "Te amo papa. No quería que estés con frío." Y el corazón del padre se conforto más en el corazón que del frío.

A manera que el tiempo fue pasando, el padre se dio cuenta que su verdeara autoridad no había mermado sino en realidad había crecido. El hijo venia continuamente a el para consejo. Y una tremenda relación comenzó a fluir, que le permitía al padre "cubrir" a su hijo mientras este llegaba a la madurez y a una sana independencia. Cariño lo hace a uno grande y misericordia es verdaderamente mejor que la vida.

Cuando venimos al Nuevo Testamento ninguno excede en esta cualidad mas que el gran apóstol de los gentiles, Pablo. La gente generalmente tiene una idea errada de Pablo como una persona obstinada con quien es muy difícil forjar una amistad. Es cierto que Pablo era un hombre muy resuelto que no se dejaba disuadir de cumplir su misión. Pero eso, no quiere decir que el era alguien duro o difícil en su trato con los hermanos en Cristo. La verdad es que el era el cenit de la ternura en cuanto a sus tratos con la iglesia como Pablo mismo nos recuerda en Tesalonicenses.

> "Antes fuimos tiernos entre vosotros, como la nodriza que cuida con ternura a sus propios hijos. Tan grande es nuestro afecto por vosotros, que hubiéramos querido entregaros no sólo el evangelio de Dios, sino también nuestras propias vidas; porque habéis llegado a sernos muy queridos." (1 Tesalonicenses 2:7-8)

Que poco pensamos en estos términos de Pablo. Es cierto que Pablo era un gran hombre de fe y valentía, sin embargo el se designa a si mismo cono una nodriza hacia sus hijos espirituales. Para Pablo, esta es una de las más claras credenciales que evidencian su apostolado. Ternura o mansedumbre, es después de todo un fruto del Espíritu.

Tristemente, esta cualidad es frecuentemente ausente de aquellos que se consideran líderes apostólicos hoy en Día. Numerosos ejemplos podrían ser citados para demostrar que la supervisión apostólica de nuestros tiempos esta necesitada en esta área. Hemos visto en nuestros días líderes apostólicos que cuando no pueden resolver un problema rápidamente, venden edificios, echan fuera a pastores sin ninguna razón ética y mucho menos Bíblica, y ponen a gente de su agrado en esas posiciones. Toman decisiones y hacen pronunciamientos sin investigar las cosas a fondo y sin conocer la mente de Dios a cerca de ellas. Es triste, pero debido a su falta de gentileza y paciencia, tales hombres han dejado a su paso tremenda destrucción y líderes potenciales frustrados y fuera de la obra.

Es obvio de que ambos David y Pablo reflejan el liderazgo de Jesús. Pablo entiende esto cuando les habla a los Corintios:

"Yo Pablo os ruego por la mansedumbre y ternura de Cristo, yo que estando presente ciertamente soy humilde entre vosotros, mas ausente soy osado para con vosotros;" (2 Corintios 10:1)

Aun Jesús en su ministerio aquí en la tierra hablo que esta era una cualidad la cual sus seguidores debían de imitar. (Mateo 11:28-29). La importancia de esta cualidad no puede ser subestimada, especialmente cuando nuestro Señor la declara como la principal característica que debemos de aprender de El. Y mientras mas nos demos cuenta lo importante de esta característica, especialmente entre los padres, mas efectivos seremos. No podemos enfatizar lo suficiente que sobre todo los padres deben sobresalir en gentileza y humildad.

La Gracia de Dejarse Enseñar

Mientras hay muchos textos que nos instan a tener esta cualidad es un poco difícil definirla. Pero si queremos llegar al corazón de lo que es ser humilde creo que debemos de reconocer que tiene que ver mucho con el dejarse enseñar. Cuando se aprende a ser manso y humilde uno esta dispuesto a recibir de otros. Y esto es muy importante para los líderes, especialmente los que han de ser padres en la fe.

Esto va al centro de nuestro concepto de liderazgo. Demasiados líderes tienen la idea de que el liderazgo real es la habilidad de despóticamente mandar a los demás y estar por encima de todos. Ellos definitivamente no reciben o aprenden de aquellos que consideran subalternos. Todo esto se debe a que ellos han tomado la forma de liderazgo del mundo, algo que Jesús dijo que era típico de los gentiles de su tiempo. (Mateo 10:25-26). ¡Esta no es la forma de actuar de los que están en el Reino de Dios! En vez de ser vistos como los que están por encima de todos, Jesús insiste que el verdadero líder en el reino de Dios, se considere el menor de todos, el que sirve a los demás.

Esta gracia de dejarse enseñar por otros crucial para el éxito de cualquier líder, especialmente los Padres. No es una exageración decir que el gran líder Moisés, no hubiera llegado tan lejos, a no ser su habilidad de recibir consejo. Como el consejo de Jetro su suegro que le ayudo a administrar al pueblo, en cuanto al juicio y consejo. (Éxodo 1713-27) ¿Cómo es posible que el hombre que hablaba con Dios como si fuera cara a cara, no se de cuenta que se estaba agotando a si mismo y al pueblo por sus acciones? La respuesta simple es que aun los mejores líderes tienen puntos ciegos – aquellas áreas donde ellos no se pueden ver como los ven otros. Y aunque Dios decida hablarles directamente, El también utilizara a otros para mostrarles esos puntos. Si no recibimos consejos de otros entonces nos estamos poniendo en una posición de autosuficiencia, lejos de la ayuda de Dios. Moisés, era tan buen líder que se dejaba enseñar por otros, hasta de su mismísimo suegro. Muchos dirán que ese fue el más grande milagro de su ministerio. Esto demuestra lo que la palabra de Dios nos dice de Moisés, que el era "manso, más que todos los hombres que había sobre la tierra." (Números 12:3)

Es crucial que los padres exhiban esta cualidad en sus vidas. Ellos deben estar dispuestos a recibir de otros y eso significa aun una represión cuando es necesaria. En este sentido la Palabra de Dios nuevamente nos presenta a David como un gran ejemplo de esta característica. Cuando Natan el profeta reprendía a David por su adulterio y asesinato (2 Samuel 11) David recibió la represión y se humillo profundamente delante de Dios. Luego David escribiría estas maravillosas palabras en el Salmo 25:4-5,9:

> "Muéstrame, oh Jehová, tus caminos; Enséñame tus sendas. Encamíname en tu verdad, y enséñame, Porque tú eres el Dios de mi salvación; En ti he esperado todo el día. . . . Encaminará a los humildes por el juicio, Y enseñará a los mansos su carrera."

Otro ejemplo en el Antiguo Testamento lo podemos encontrar en la historia de Naaman el Sirio, en Segunda de Reyes capitulo cinco. Naaman capitán del ejercito Sirio era un leproso. Una niña hebrea que era sierva de la mujer de Naaman le dijo a ella a cerca del profeta en

Samaria que podía sanar a su esposo. Con permiso de su rey, Naaman fue al profeta Eliseo quien le dijo todo lo que tenia que hacer para quedar limpio de la lepra. El tenia que lavarse siete veces en el rió Jordán (5:10) Pero cuando este escucho las palabras de Eliseo se ofendió. Para comenzar el profeta ni siquiera vino a verlo sino que envió a su siervo para darle el mensaje. Además, Naaman había sido instruido a lavarse en el Jordán, un riachuelo comparado a los ríos de Siria según el. Con su orgullo herido, Naaman se fue enojado y rechazó las palabras del profeta.

Afortunadamente, otro siervo de Naaman le hizo entrar en razón y el accedió con reservas las palabras del profeta, y fue sano. El resultado no solo fue la sanción de su cuerpo, sino la revelación de que el Dios de Israel, era el único y verdadero Dios y quien el iba a servir desde ese punto en adelante. (5:15-19)

Dos veces Dios utiliza a subalternos para hablarle a este enormemente poderoso y orgulloso hombre de guerra. En su orgullo, Naaman no podía ver que Dios le estaba hablando a través de aquellos que el consideraba insignificantes. Si somos orgullosos y no nos dejamos enseñar muy a menudo nos perderemos lo que Dios nos estaba hablando. Dios puede, y lo hace con frecuencia, hablarnos a través del menor de los hermanos, cuando estamos dispuestos a escuchar. El problema ocurre cuando caemos en un elitismo sutil en el cual nos rehusamos a humillarnos y escuchar a otros, especialmente aquellos considerados subalternos. Esto es un problema para los líderes que no están dispuestos a escuchar a los que ellos consideran menores y solo reciben de sus supuestos colegas. Esto también se puede llevar a la vida familiar. Adolescentes frecuentemente sienten que sus padres no los escuchan, y que el padre en particular, los trata como si fueran de menor importancia que ellos. Mientras que los adolescentes deben someterse a sus padres, cuanta bendición hay cuando los padres hacen sentir a sus hijos adolescentes como parte importante de la familia y que sus opiniones cuentan y las quieren escuchar.

Honrando a los Hijos

Ya que Dios puede hablar en cualquier momento a través de cualquier persona que El escoja, es extremadamente importante que estimemos a los que tenemos alrededor nuestro, dejándonos enseñar. Esto prepara el camino para que ellos puedan venir en nuestra ayuda. El apóstol Pablo lo sintetizó excepcionalmente cuando le dijo a la iglesia en Roma:

"¿Tú quién eres, que juzgas al criado ajeno? Para su propio señor está en pie, o cae; pero estará firme, porque poderoso es el Señor para hacerle estar firme." (Romanos 14:4)

Todo el que es nacido de nuevo y es bautizado en el Cuerpo de Cristo es técnicamente un siervo de Dios y tiene un inmensurable valor. Por ende cuando tenemos por menos a cualquier hermano en la iglesia estamos ofendiendo a Dios, quien es el amo tanto de el como de nosotros. Y aquellos que despreciamos especialmente los jóvenes, siempre se dan cuanta cuando no los estamos honrando o estimando.

Padres deben ser aquellos que estiman y honran a sus hijos, y por ende son más abiertos a recibir de ellos. Es aparente que este es el animo con que pablo se movía entre las iglesias que el había fundado. Mientras el deja claro que podía haber venido ejerciendo su autoridad como apóstol, el decidió en vez venir en un espíritu humilde honrando aquellos entre los cuales el estaba. Y este es el espíritu en el cual los padres deben andar si es que van a impartir algo a sus hijos en la fe.

Desafortunadamente, casi siempre hay un espíritu de elitismo entre los que hoy en día se dicen apóstoles, lo cual es una antitesis a la manera que Pablo actuaba. Esto se manifiesta en la actitud que dice: "Yo so un apóstol y por tanto yo se mas que tu. Y por mi unción, yo soy semi-infalible. Siéntate y déjame decirte lo que tienes que aprender." Mientras muy pocos se atreverían a decir eso en voz alta en frente de otros, esto es lo que existe en sus corazones y lo que controla sus acciones. El resultado es que esto pone un mayor énfasis en la posición que en la relación.

Muchas veces en mi vida yo he estado envuelto en la supervisión de situaciones en diferentes iglesias locales donde ha habido una lucha por el control de la congregación. En tales situaciones he tenido que lidiar con hombres que venían de afuera y trataban de afectar la situación local. Ellos estaban tratando de entrar por la "puerta de atrás" o "saltando el muro" por así decirlo, o sea sin ningún respeto por el liderazgo que estaba establecido. Generalmente estaban únicamente tratando de usurpar autoridad (de lo cual hablaremos mas adelante). Ellos creían que la posición que suponían tener en el reino de Dios les daba el derecho de exceder la autoridad local y por ende tenían muy pocas contemplaciones para el pastor o cualquier otra persona en liderazgo. ¿Qué impresión tienen los jóvenes hijos cuando ven a los padres actuar sin respeto a las autoridades? El resultado es que siempre da a luz confusión y deja a muchos heridos. También hace que hijos crezcan a ser personas que tienen muy poco respeto a la autoridad.

Muchas veces cuando hay problemas en una iglesia, existen diferentes facciones rebeldes involucradas. Rebelión casi siempre se alimenta de lo que parece ser autoridad, aun cuando esta sea ficticia. El enemigo siempre se encarga de que los rebeldes graviten hacia cualquier cosa que tenga apariencia de autoridad fuera de la iglesia local que este cuestionando la legitimidad de la autoridad local. Ellos imaginan que su llamado y posición los pone de alguna manera por encima de las líneas relaciónales. Eso siempre es una senda a la confusión y conflicto.

Tal actitud reduce a nada a hombres y mujeres, especialmente a los jóvenes y a los débiles. Este no es el camino del verdadero padre espiritual. Pablo fue el padre de Timoteo en la fe, y el nunca demostró este elitismo de corazón. EL exhorto a todas las iglesias a recibir a su joven hijo y les mando a que lo respeten a pesar de su juventud. Pablo se consideraba a si mismo como "el menor de los apóstoles." ¡Esto es admirable! Como el menor el no necesitaba proteger continuamente su reputación o asegurarse de que todas las iglesias lo miren solo a el para ayuda y consejo, sino que el podía promover a Timoteo entre las iglesias. Esta era una de los mas importantes atributos de un apóstol; el ver el tesoro escondido en vasos de barro de hijos que pueden convertirse en miembros del equipo.

Elitismo tiende a que uno pase de largo el potencial puesto por Dios en otros. El elitismo busca por cualquier cosa que pueda servirle y elevarle a si mismo, en vez de buscar lo que pueda servir y elevar el Reino de Dios. Esto lleva a desestimar los dones que Dios a puesto a través de su cuerpo. El elitismo no recibe enseñanza y siempre critica a los demás. La Palabra de Dios es clara en esto; Dios odia esta actitud (Proverbios 6:16-17). Este espíritu soberbio y mirada orgullosa que fácilmente descalifica a otros es repugnante para Dios.

¡Tenemos tan poco tiempo! La iglesia generalmente esta sufriendo de una falta de ímpetu y entusiasmo. Ciertamente una de los remedios para esto es convencer a nuestros hijos e hijas que tienen valor dentro del plan de Dios y mandarlos a que cumplan su labor dentro de ese plan. Pero esto solo puede ocurrir cuando hay padres que los pueden nutrir, y que les dan el honor que se merecen como vasos que el Espíritu Santo puede usar. Solo entonces ellos tendrán la confianza en Dios y en ellos mismos para hacer la voluntad de Dios. Solo entonces podrán ser efectivamente enviados a los grandes ministerios que les esperan en estos últimos tiempos.

7

LOS MUY MACHOS
Y LOS
EJEMPLOS DE VIDA

¿Que ocurre cuando la cámara de televisión muestra a los jugadores en la banca en un evento deportivo Norte Americano? Cuando los atletas se dan cuenta que están en la televisión ellos saludan a la cámara y gritan "Hi Mom!" o en español "¡Hola, Mama!" En todos los eventos que he visto, nunca he visto a un jugador mirar a la cámara y decir ¡Hola Papá! Aun cuando son entrevistados es difícil encontrar a un atleta que mencione a su Padre. La mayoría de los hombres jóvenes hablan instintivamente de sus madres y no de sus padres cuando se encuentran en ese tipo de posiciones. Esto nos lleva a pensar que aparentemente no existen muchas relaciones hijo-padre que sean profundas y buenas entre los atletas y los jóvenes de hoy.

Muchos jóvenes se casan y producen hijos sin tener la menor idea de lo que significa ser un padre (eso si acaso se casan). Muchos jóvenes tienen hijos sin la intención de casarse y tomar responsabilidad. Eso es por que la mayoría de los jóvenes en nuestra cultura no han tenido un buen ejemplo de lo que es ser un padre. Ellos han sido alimentados por los estereotipos de Hollywood y de la televisión, creciendo con programas de televisión como la familia Brady, y el show de Cosby. En estos programas los padres son mostrados como inocentes estúpidos que son salvados, vez tras vez, por sus súper capaces esposas e incomparables hijos, que seguramente sacaron los genes de generaciones pasadas.

En los últimos cuarenta años el movimiento para la liberación de la mujer y otros semejantes han tenido gran influencia en la cultura occidental, especialmente en los hombres jóvenes. Estos grupos han echado por tierra la idea del esposo como cobertura protectora de la mujer y han minimizado la importancia de los padres. Muchas mujeres hoy piensan que el rol del padre no es necesario para criar hijos. Produciendo hijos por fertilización artificial, muchos niños crecen sin tener jamás la influencia de una figura masculina en su crianza. Recientemente es que hemos podido ver los resultados de esta actitud en nuestra sociedad y son ¡devastadores! Cuando sociólogos y políticos se ponen a apuntar el dedo a diversas causas por los males que afligen a nuestra sociedad, rara vez estos mencionan la destrucción de la familia y la ausencia de padres en los hogares, como la verdadera razón de los problemas.

El crecimiento de la industria y la educación ha hecho que más y más hombres estén más tiempo fuera de sus hogares. El éxito es medido en términos de negocios y económicos y muchos hombres están dispuestos a sacrificarlo todo para obtenerlo. A los atletas se les paga millones de dólares por sus habilidades. Desafortunadamente, tal éxito esta generalmente acompañado de una moral muy ligera y flexible. ¿Quien no ha visto a los atletas multimillonarios con automóviles lujosos y varias mujeres alrededor suyo? Y lo que es más triste es que la mayoría de estos atletas, como también se puede decir de lo artistas y músicos, son jóvenes que no están en lo mas mínimo listos para aguantar el peso del éxito. Y a medida que los mas jóvenes ven sus acciones, llegan a la conclusión que esa clase de vida es la vida de un triunfador. ¿Cuantos jóvenes en nuestra sociedad consideran un buen padre como la definición principal de un hombre exitoso? ¡No Muchos!

El diablo quiere destruir la imagen dada por Dios de lo que es un Padre, que es lo que Jesús vino a mostrar y restaurar. A la par de la distorsión actual a cerca de los padres esta la noción errada de que la hombría se mide por el número de "conquistas sexuales" que el hombre pueda conseguir. No es un misterio el por que el sexo se ha abaratado tanto en nuestra sociedad. Para muchos, el adulterio y la fornicación ya no se consideran pecados. Hoy en día, la mayoría de los jóvenes tienen la idea de que la pregunta que se deben hacer no es si uno ha de tener sexo antes del matrimonio o no, sino que tipo de protección uno debe usar.

Distorsiones a cerca del éxito en la Iglesia

Ya es una tragedia que en el mundo secular exista esta distorsión a cerca del éxito, pero lo que es aterrador es que esta distorsión se ha infiltrado a la iglesia también.

Lo podemos ver en el hecho de que muchos lideres, en vez de dedicarse a edificar las vidas de los mas jóvenes en el Señor, se dedican enteramente a "sus ministerios" o futuros. ¿Por qué tantos lideres hacen esto y niegan lo obvio? Una de las razones es que la iglesia mide el éxito en la misma forma que el mundo lo hace – ¡haciendo en vez de ser! Como muchos típicos padres que salen a trabajar cada día y regresan demasiado cansados para cumplir su papel como padres y esposos, estos líderes han pervertido la idea de lo que es ser exitoso. El resultado es que muy a menudo ellos ocupan su tiempo haciendo cosas que los demás pueden ver y que las consideran importantes para alcanzar el éxito, y no hacen las cosas que hacen a un líder verdaderamente exitoso.

Se necesitan desesperadamente padres verdaderos para cambiar esta situación. Padres que preparen adecuadamente a hijos para que estos en un futuro no desparramen todo lo que se ha recogido. Todos hemos visto esto en lo natural, como una generación edifica un imperio, y luego cuando se lo dejan a la siguiente generación, a esta le cuesta mucho mantener tal imperio. Esto generalmente se debe a que los hijos no fueron enseñados por la primera generación en las cosas prácticas y por eso no saben como alcanzar los logros anteriores.

El reto real para los padres en nuestro tiempo es el instruir a sus hijos para que estos puedan entender lo que es el verdadero éxito en el Reino de Dios. Sin embargo, antes que los padres puedan hacer esto, ellos mismos deben entender esta realidad. Por que muchos que fueron llamados a ser padres se han dedicado demasiado a extender el reino, mas preocupados por asegurar su propio futuro que el de sus hijos espirituales. Los padres deben levantarse y tomar cartas en el asunto. Ellos deben apartarse de los trabajos cotidianos y dedicarse a preparar toda una generación para que esta alcance su destino dado por Dios.

Distorsiones a cerca de lo que es ser Hombre

Yo puedo recordar vividamente cuando el mayor de mis cuatro hijos nació. Mí padre era un médico y el parto se dio en el hospital donde el ejercía su profesión de patólogo. Cuando el bebe nació el vino rápidamente grandemente interesado en la salud de su nuevo nieto. El nos proveyó con el punto de vista medico de lo que acababa de ocurrir. El estaba muy orgulloso de su nuevo nieto y de mi, su hijo. Sin embargo, nunca discutimos nada en términos éticos o filosóficos a cerca de lo que significaba ser un padre y no me compartió pensamientos a cerca de cómo deberían de ser las cosas. Pero esto me sorprendió, ya que el nunca había provisto tal consejo en el pasado, y en realidad tampoco lo hizo después. El me enseño muchas cosas maravillosas, pero todas eran en el área académica. El me entrenaba en las matemáticas desde que yo era muy niño y me inculco un amor a la ciencia y al aprendizaje. Uno de nuestros pasatiempos favoritos era compartir a cerca de Sherlock Holmes y mejorar nuestras habilidades de observación.

Nuestra historia familiar se puede trazar a las montañas del norte de Alabama. Mi padre, uno de muchos hermanos, salio adelante por sus propios medios, financiándose el mismo su universidad, post grado en medicina, su programa de residencia e internado en patología en dos de los mas prestigiosos programas médicos en el Norte de los Estados Unidos. El fue el único de sus hermanos que obtuvo una educación avanzada. Mientras el estaba en la escuela de medicina, muchos compañeros se burlaban de el por su acento sureño, pero eso lo llevo a esforzarse en cuanto a su forma de hablar y se convirtió en un experto en el uso apropiado de la lengua Inglesa. El amaba el diccionario, y recuerdo cuando era niño su gran diccionario de la lengua inglesa en nuestra casa. Eventualmente mi papa llego a ser un miembro fundador de la Academia Americana de Patología. El escribió varias disertaciones y documentos para diversas publicaciones inglesas y americanas de medicina. Al final de la segunda guerra mundial, el tenia el rango de Teniente-Comandante en las fuerzas navales Estadounidenses, y fue seleccionado para el equipo medico americano que fue a Hiroshima y Nagasaki luego de la detonación de las dos bombas atómicas para investigar sus efectos en la población civil. Yo estaba muy orgulloso de el.

Pero, cuando mi padre y mi abuelo estaban criándose en Alabama, balaceras y whiskey eran consideradas las marcas de un verdadero hombre. Por lo tanto mi padre pensó que yo debería saber como tolerar bien el alcohol a una temprana edad, y a los ocho años de edad el me introdujo al licor fuerte. Aunque el no me instaba o animaba a tomar, el lo veía como un experimento de aprendizaje – parte de mi entrenamiento como "macho." Yo no le echo la culpa a mi padre de esto. Yo se que su intención era buena. Yo me pregunto cuantos hombres son enseñados, directa o indirectamente, por mal ejemplo como ser hombres. Cuando yo fui a la universidad en el Sur de los Estados Unidos, muchos de los jóvenes que estaban ahí habían crecido pensando que los deportes, el alcohol, el cazar, el pescar y el perseguir mujeres eran las cosas importantes para los muchachos. Esto no era típico nada más en el Sur. Yo había pasado mis años de la escuela primaria y secundaria en Massachussets y me di cuenta que no había diferencia en la forma de comportarse de los jóvenes de uno y otro lugar. Tal y como en el Sur, estos jóvenes confundían el ser "macho" con el ser "hombre." Yo se que no soy el único que dejo mucha carga a los pies de cristo el día de su conversión.

Estar en control de las cosas fue otro aspecto a cerca del ser hombre que fue sutilmente aprendido. El estar a cargo y mandar a otros es un deseo intrínsico del hombre natural. El espíritu de independencia del hombre americano es algo que se aprende a temprana edad. El espíritu emprendedor, como se lo practica en Estados Unidos, encuentra tierra fértil en la carne, la cual le provee sus nutrientes de idolatría, contención, brujería, pleitos y ambiciones egoístas (Galatas 5:20) La autonomía debe de ser expresada. Brujería y adivinación no es otra cosa sino el deseo de controlar a otros y el destino de uno. En mi graduación de la escuela secundaria el poema de William E. Henley, Invictus, fue leído: "Soy el Señor de mi destino, El capitán de mi alma."

La carga cultural y de la carne entra en la vida de la iglesia aun cuando no estamos concientes de ella. Si vamos a levantar jóvenes como modelos de verdaderos padres, el fraude de la falsa paternidad y la falsa hombría se tienen que ir. Por lo que les acabo de contar, las asociaciones de mi juventud y mis modelos a seguir, el Señor me había puesto un camino difícil hacia la renovación. Yo tenía mucho celo y verdadero amor a Dios. Pero mezclado con eso estaba el espíritu empresarial o emprendedor, que se unía con la ambición, la idea errada de lo que era el éxito, y un deseo de ser reconocido y admirado. El Señor tuvo que destrozar todo esto. Tuve que ser rechazado para entender la importancia de no rechazar a otros. En realidad tuve que aprender a como apreciar a los demás. Hubieron tiempos donde de verdad me preguntaba si el Espíritu Santo no era mi peor enemigo.

Pero, mientras progresaba en este caminar, ciertas maravillosas bendiciones comenzaron a ocurrir. Estas animaron mi espíritu y me dejaron saber que Cristo me estaba cambiando. Jóvenes venían a mí y me indicaban que ellos me miraban a mí como un padre espiritual. A manera que esto pasaba más y más, yo clame al Señor. ¿Cómo puedo ser una figura de padre para nadie? Yo no me consideraba como tal, mis grandes fracasos en el pasado me lo probaban. Recuerdo como un día le hable a Dios de este problema. El me dijo claramente que debería de dejar de pensar negativamente. Entonces el me dirigió a Su Palabra en Génesis 45 verso 8:

"8 Así, pues, no me enviasteis acá vosotros, sino Dios, que me ha puesto por padre de Faraón y por señor de toda su casa, y por gobernador en toda la tierra de Egipto."

Las buenas nuevas son que Dios es capaz de transformar a los peores de nosotros en ¡Padres! El quiere levantar y enviar a padres en estos últimos días. El les sigue mostrando la salida a los pecadores (Salmo 25:8). Estoy tan agradecido a El por Su paciencia, misericordia y gran amor.

El viaje de "macho" a ser un padre como Dios manda, fue muy doloroso, pero valió la pena cada paso. Mucho esta en riesgo. Hay mucho que perder. Corramos este viaje con la mayor rapidez posible.

8

AMBICION
DEMONIACA

Los libros de historia al igual que la Santa Palabra de Dios nos muestran que mucha sangre se derramo como resultado de la ambición. Cuando reyes jóvenes llegaban al trono muchas veces ordenaban la muerte de todos sus hermanos para así consolidar su posición en el trono. Hijos mataron a padres. Existe algo terriblemente malo en los corazones de muchos hombres que hace que la envidia nazca y un sentido de competencia se establezca.

Una fábula muy famosa por Raplh G. Turnbull en su libro los obstáculos del Ministro nos ayudara a ilustrar este punto:

"Si mal no recuerdo la historia va así, el diablo estaba cruzando el desierto de Libia cuando se encontró con un sequito de huestes de menor rango que intentaban tentar a un santo ermitaño.

Ellos trataron con toda seducción de la carne; le trataron de amargar su mente con dudas y temores; le decían que todas sus privaciones no valían nada. ¡Pero todo esto fracasaba! El santo varón era impecable. Entonces el diablo tomo la iniciativa. Dirigiéndose a los demonios les dijo "sus métodos son muy rudimentarios. Dejen me a el in momento. Esto es lo que deben hacer. Suban a la cabaña del ermitaño y díganle: '¿has escuchado las nuevas? Tu hermano ha sido hecho Obispo de Alejandría' La fábula cuenta que una densa nube de envidia cubrió el sereno rostro del santo ermitaño."(Pg. 37, 1964)

Mientras esta historia ilustra ampliamente los efectos de la ambición carnal, necesita ser dicho que no toda ambición es de origen demoníaco carnal. En realidad la Biblia nos ordena tener ciertas ambiciones que podríamos llamarlas "ambiciones del reino." Por ejemplo el apóstol Pablo nos dice que el deseo de ser un Obispo (supervisor de ministerios) dentro de la iglesia de Dios es algo bueno (1 Timoteo 3:1). En realidad tal deseo es un prerrequisito para que la persona sea considerada para tal posición. Aparentemente la ambición por la expansión del reino de Dios es algo que nunca esta mal sino es algo bueno. Entonces lo que tenemos que hacer es diferenciar de la ambición del reino, y la ambición personal.

La siguiente pregunta siempre debe hacerse: ¿A que apunta nuestra ambición? ¿Es para Cristo y Su reino o para nuestra propia exaltación? La ambición personal o ambición humana claramente tiene orígenes satánicos que comienzan con la auto-exaltación de Satán. Esta auto-exaltación tiene como el centro de su deseo el tener la atención y la alabanza que se debe solo a Dios. Y es esta ambición la que aparentemente convirtió al hermoso

Serafín en el príncipe de las tinieblas, el enemigo acérrimo de Dios y su propósito en este universo. (Isaías 14:13-14)

Contrasta el la declaración de auto exaltación del enemigo en Isaías con la declaración de Jesús a cerca de Su persona en el Evangelio de Juan. Siete veces El cita la designación del Antiguo Testamento con el divino YO SOY en referencia a Si mismo. Sin embargo esto no es ambición personal, pero la declaración de la verdad de un hombre cuya identidad estaba totalmente arraigada en Dios. Jesús no estaba interesado en Su propia exaltación, ni siquiera se preocupaba de lo que la gente pensara de El. Su seguridad estaba plenamente en Su Padre quien deseaba la exaltación de Su Hijo. La auto-exaltación siempre tiene como padre al maligno.

En este capitulo, queremos exponer la ambición demoníaca tal y como ella es. Esto es critico en relación con los que han de ser padres. Padres de verdad tienen que ser como nuestro Señor Jesucristo, sin ninguna otra ambición sino la de exaltar a Cristo y extender Su Reino.

La Ambición Errada

Es cierto que Dios nos creó para que deseemos el amor y la amistad de otros. Es solo cuando este deseo de aprobación es puesto por encima de la aprobación de Dios que entonces lo bueno se pervierte y se vuelve malo. Y es triste que muchos líderes de hoy encuentren su identidad en la aprobación de otros. Esto, a su vez, lleva generalmente a una ambición errada y algunos hombres han edificado la totalidad de sus ministerios sobre tal ambición.

No es difícil detectar la ambición errada, especialmente en líderes, debido a que uno la detecta a través de las acciones y motivaciones de la persona. Tiene su propio sabor. Esta generalmente acompañada de un espíritu controlador, el cual la Palabra de Dios dice que es igual a la hechicería. Antes que la hechicería se vuelva demoníaca es primero una obra de la carne como el apóstol Pablo lo indica en Galatas 5:20. Aquellos movidos por su ambición solo desean manipular a la gente, para luego usarlas para conseguir sus propósitos y fines personales. Ellos desean tomar autoridad cuando ellos pueden salirse con la suya y son incapaces de someterse a otros. No les gusta la palabra equipo. También la ambición errada se manifiesta en una tendencia a empequeñecer a los demás y a sus ideas, y ridiculizar a otros cuando ellos se sienten vulnerables. Pone en categorías a los demás, los tilda de diferentes cosas, y los pone en esquemas de los cuales, a los ojos del ambicioso, las otras personas nunca podrán salir. Aun mas triste, estos lideres ambiciosos solo ven a los demás como escalones que pisar para llegar a sus propias metas.

Existe un pasaje en 1 Samuel 14:52 que nos da un pequeño vistazo a lo que es la ambición y construir en las fuerzas de uno y no de Dios. "y a todo el que Saúl veía que era hombre esforzado y apto para combatir, lo juntaba consigo." Comparemos esto con la actitud de David para con Dios. David dejo que el Espíritu Santo le enviara los futuros hombres valerosos de David en la cueva de Adullam y luego en Siglag y Hebron. David había dejado que Dios construyera la casa. Si nuestros corazones están correctos delante de Dios y El es el que hace la obra, el enviara a todos los que necesitemos para terminar la obra. Nosotros no tenemos que comprar la fuerza de otros, o reclutar habilidades. Dios creara las relaciones necesarias si nos abrimos a ellas. Acordémonos que muchos de los poderosos hombres de valor de David no eran muy "atractivos" al principio (1 Samuel 22:2)

Si un líder inseguro esta en la presencia de la unción verdadera o una persona con una agilidad mental y entendimiento superior al de él, se sentirá con la necesidad de humillar a esa persona. Tristemente, tal líder no puede aguantar que alguien lo supere en excelencia o logros, a no ser que el de alguna manera pueda mostrar que los logros de la otra persona se deben a la ayuda de él. Verdaderos padres, como hemos visto, se regocijan cuando sus hijos los superan. Mientras que vemos rutinariamente a hombres decir esto de los dientes para afuera en muchos pulpitos, las acciones de ellos siguen centrándose en adquirir preeminencia, retrasando el desarrollo de aquellos a su alrededor.

La ambición imagina vacíos en situaciones de liderazgo. Confunde la paciencia y el "esperar en el Señor" con falta de iniciativa. Es insensible y se lanza directamente a la situación tratando de llenar el vació imaginario presumiendo su propio liderazgo. Generalmente estima la posición mas importante que la relación y luchara por alcanzar la posición.

Apóstoles Ambiciosos

En los últimos treinta años una proliferación de movimientos apostólicos se ha levantado, dirigido por hombres llenos de Dios y celo. La mayor parte estos han tenido sus orígenes en la restauración de la verdad a cerca de los cinco ministerios, equipos ministeriales y el equipo de edificación apóstol-profeta. Este ha sido un fenómeno bienvenido por la iglesia a la luz de Efesios 4:11-12 que

Dios dio estos ministerios para perfeccionar a los santos. Entender esto es crucial para la iglesia. Desafortunadamente, mientras que muchos han podido articular el concepto correctamente, ha habido muy pocas veces donde el concepto ha sido puesto en obra. En realidad, muchos de los que han proclamado los cinco ministerios han exhibido las ambiciones más carnales.

En algunas redes apostólicas muchos jóvenes pastores siguen líderes ambiciosos por que no tienen a donde mas ir y por que el movimiento esta acompañado de una visión excitante y bien articulada. Otros siguen a estos líderes por sus propias ambiciones. Mientras ellos pueden discernir ambiciones carnales en el líder, ellos esperan que, por su asociación a el, ellos sen promovidos en recompensa por su lealtad. He visto a gente involucrarse con un movimiento apostólico en la misma manera que la gente se mete en partidos políticos. A manera que aprenden el arte de la política ellos esperan su "momento de fama" y anhelan el día en que ellos puedan controlar a otros. Así que ellos luchan por el favor de los líderes para así ser promovidos o ascendidos.

Como en los partidos políticos, estas situaciones dan lugar a la inevitable "lucha de poder" donde los mas hábiles en el arte de la política y aquellos mas dispuestos a hacer la voluntad del líder son involucrados en el circulo o centro de poder. Este favoritismo engendra desanimo y descontento el los "rangos bajos" a manera que muchos son pasados por alto. Aquellos que no son ambiciosos sino están contentos con esperar silenciosamente en El Señor son considerados como flojos, pasivos, y gente no motivada. Tristemente, ellos son vistos como faltos de liderazgo y no son tomados en cuenta.

¿Cuál es el problema con tales movimientos? Para comenzar, ellos se basan tanto en la producción como los negocios seculares lo hacen. Luego ellos generalmente juzgan su carisma y logros, en vez de su carácter y los frutos del Espíritu. El maestro de la palabra y autor DeVern Fromke una vez dijo que: "lo que un hombre construye con sus talentos generalmente lo destruye con su carácter." Cuando nosotros estamos dispuestos a pasar por alto errores obvios en el carácter de una persona por "la obra" y "la visión" entonces nosotros estamos a punto de caer en serios problemas.

"El Oso" Bryant

Muchos años atrás estaba en una reunión en Selma, Alabama, en el tiempo en que Bryant era el entrenador del programa de Football Americano en la Universidad de Alabama. "El Oso" nos comenzó a decir que es lo que el esperaba que nosotros alcanzáramos y como lo íbamos ha hacer. El comenzó ha hablar de la clase de muchacho que el reclutaría para su equipo. El dijo algo que yo nunca olvidaré. El Dijo: "algunos de ustedes piensan que el football crea personalidad en la persona. Bueno, yo les quiero decir que yo no voy a perder mi tiempo tratando de enseñarles carácter o personalidad. Yo quiero que los jóvenes que entren en mi programa ya tengan un buen carácter y personalidad. Yo les enseñare a jugar football." En la iglesia, tendremos compasión por aquellos que tienen fallas de carácter moral y hacer todo lo posible para ayudarlos a cambiar. No los rechazaremos cuando ellos quieran confraternizar con nosotros. Pero no importando cuan talentosos sean, no hay excusa para pasar por alto las faltas de carácter moral de una persona solo para que esta utilice sus dones o talentos en el ministerio. Cuando se trata del gobierno de la iglesia, esto es aun más cierto.

Como el titulo de este libro lo sugiere, el problema es que en la iglesia faltan verdaderos padres espirituales. Muchos jóvenes en algunas redes apostólicas han sido heridos o abandonados por aquellos que por descuido o ambición manifestaron que no eran verdaderos padres. El suelo esta pavimentado de jóvenes que fueron abandonados y descartados luego de que hombres talentosos los utilizaran para su propia gloria.

Gordon Dalbey, en su excelente libro a cerca de las relaciones padre/hijo titulado: Padre e Hijo, la herida, la sanidad, y el llamado a la madurez cuenta la entrevista que tuvo con Leonardo LeSourd, el antiguo editor del magazín Guidepost. LeSourd, un piloto de la segunda guerra mundial, tenía una larga carrera como un distinguido escritor y editor. EL momento que Dalbey se sentó para la entrevista, distintos pensamientos vinieron a su mente los cuales el expreso claramente en su libro:

"Entonces, sentado en el estudio radial a la par del ya canoso Leonard LeSourd, me encontraba tanto incierto como esperanzado, ¿Podía yo confiar en este individuo? ¿Me tomaría por menos, o trataría de dominar la conversación? ¿Seria mi propio anhelo por un mentor, el cual me traicionaría y en realidad lo que le animaría precisamente a hacerlo?"

Yo creo que jóvenes líderes en el cuerpo de cristo se sienten exactamente igual. ¿Se puede confiar en los más antiguos, que estos no desprecien a la nueva generación? ¿Trataran de dominarlo todo? Desafortunadamente, en muchos casos, la respuesta es no a la primera y si a la segunda pregunta.

Moviendo Hitos o Estacas

Un día mientras leía mi Biblia el pasaje de Deuteronomio 27:17 salto de la página a mi corazón:

"[17] Maldito el que redujere el límite de su prójimo. [Mueva su Hito]"

Había predicado a cerca de los hitos y marcas de tierras, inclusive había escuchado a muchos hablar del tema. Mayormente lo que había escuchado con relación a este tema y la advertencia de Proverbios era con la necesidad de mantener la doctrina pura. Pero ese día una fresca revelación venia a mi mente.

Los hitos en el Israel antiguo delimitaban la heredad de uno. Cuando Jabez pide a Dios que extienda su territorio en 1 Crónicas 4:10 el utiliza la palabra hebrea hito o estaca. David dijo en el Salmo 16:6 "Las cuerdas me cayeron en lugares deleitosos," y concluye el verso diciendo que hermosa es la heredad que le ha tocado. Ni extender la cuerdas se media la heredad y siempre se las extendía de hito a hito.

Yo empeñe veintidós años de mi vida y energía a edificar una iglesia. Lo que se hizo ahí por medio del espíritu, es parte de mi herencia. Por favor no me mal entienda. Le aseguro, mi estimado lector, que yo entiendo perfectamente que la iglesia le pertenece a Cristo y no a mi. Pero lo que esta claro en 2 Corintios 5:10 es que: "10 Porque es necesario que todos nosotros comparezcamos ante el tribunal de Cristo,[A] para que cada uno reciba según lo que haya hecho mientras estaba en el cuerpo, sea bueno o sea malo." Entonces parece ser que nuestra herencia será buena o mala basada en nuestra obra para Cristo por medio del Espíritu.

Ahora, como Jabez (1 Crónicas 4:9-10), yo he gastado mi vida pidiéndole a Dios una herencia espiritual mas grande, y trabajando para alcanzarla. He tratado en lo que tengo entendido de una manera legal.

Yo fui un joven abogado en el Sur de los Estados Unidos, el los pueblos rurales. Yo vi como abogados sin escrúpulos de vez en cuando utilizaban la sagacidad y la ignorancia de la gente para quitarles su herencia a inocentes herederos. Por trampa y aprovechándose de la ignorancia ellos eran capaces de mover hitos y apoderarse de partes de la herencia de otros. Había un hombre que trabajaba solamente en comprobar herencias, buscando la oportunidad de hacer ganancia deshonesta.

Si usted ha estado en el misterio por un buen tiempo y ha podido edificar algo para el Señor, usted sabe que habrán "hermanitos" que vendrán a querer mover sus estacas y tomar posesión de la herencia que le pertenece a usted de ser esto posible. Los ambiciosos casi siempre hacen esto.

Cuando tuve este pensamiento por primera vez, caí de rodillas y clame al Señor. ¿Había alguna vez movido las estacas o hitos de alguno de mis hermanos? Yo quiero toda la bendición que pueda tener. Como Jabez, yo quiero que la mano de Dios este sobre mi. Cuando otros han tratado de mover mis estacas y apoderarse de mi heredad, y me había enojado mucho. ¿Estaba acaso cosechando lo que había sembrado? Dios fue misericordioso y me mostró las veces en las cuales yo había sido culpable. Era joven en el ministerio y no sabia lo que se ahora pero eso no es excusa, seguía siendo culpable. Me arrepentí de todo corazón. Yo le dije a Dios si es que había alguna forma de regresar atrás y deshacer lo que hice, lo haría. Estaba siendo sincero. Pero el agua derramada no se puede recoger. Como Jabez, yo le pedí a Dios que me mantenga lejos del mal y que no permita que peque de esa manera nunca mas.

Nosotros los padres y los que hemos sido llamados al rol apostólico necesitamos sembrar bendiciones, y no llenar el campo de maldiciones. La ambición te hará caer en la maldición de tratar de mover los hitos de otra persona.

La Herencia dada por Dios

Existen solo dos formas legítimas de expandir tu esfera de influencia, tu herencia. La primera es hacer lo que Jabez hizo. Pedirle a Dios que expanda tu territorio. El lo hará con gusto, si tu corazón esta en lo correcto. El lo hará por medio de encuentros divinos, enviándote gente, dándote revelación, y sí, hasta incrementando tus finanzas. Isaías 9:7 nos dice no habrá fin a la extensión del reino de Dios. Hay suficiente autoridad y territorio para los que lo buscan correctamente, sin usura. No es necesario jamás que movamos las estacas de otro. El apóstol Pablo hace esto claro en Romanos 15:20 que el no tenia ningún deseo de edificar sobre el fundamento de otro.

La segunda forma de incrementar tu herencia legalmente es por el matrimonio. Esto nos habla de relaciones donde dos herencias se unen, sin que nadie pierda nada, pero si ganan la herencia del otro. A manera que nos relacionamos los unos con los otros, el Espíritu Santo unirá a algunos de manera que sus herencias se combinen. Pablo compartía la herencia de Timoteo en Cristo, y Timoteo compartía la de Pablo.

Donde sea y cuando sea que un líder trata de mover los hitos dentro del reino de Dios, yo estoy convencido de que la maldición caerá sobre esa persona. Se puede arrepentir de eso, pero las ondas de desconfianza y dolor se expanden y son muy difíciles de parar, si es que se pueden parar. Tenemos que ser extremadamente cautelosos en materia de autoridad, pues toda autoridad le pertenece a El. La ambición es la raíz de todo esto intentos. El enemigo trató por todos los medios de quitar los hitos de Dios del Jardín del Edén. La ambición errada es en realidad ambición demoníaca.

9

EL MISTERIO DE LA INIQUIDAD

"⁷ Porque ya está en acción el misterio de la iniquidad;" (2 Tes. 2:7)

La Biblia revela que el mundo entero esta rodeado del misterio de la iniquidad. Esto es por que el mundo entero esta bajo el poder de la maldad (1 Juan 5:19). Desafortunadamente, la iglesia no esta exenta de la influencia de esta iniquidad. Una de las expresiones de la iniquidad es la anarquía o falta de ley, y esta anarquía esta muy activa y viva dentro de la iglesia de hoy. Desde la manifestación del pueblo de Dios en al tierra el misterio de la iniquidad a tomado muchas y variadas formas.

En el libro de Jueces vemos que el misterio de la iniquidad esta trabajando en los corazones de los hombres en los días después de la muerte de Josué. El escritor lo sintetiza de esta manera "cada uno hacía lo que bien le parecía. (Jueces 17:6) Esto era ciertamente un concepto errado, pero estaba arraigado en el misterio de la iniquidad cual estaba sobre la tierra y afectaba al pueblo de Dios.

La Iniquidad en la Iglesia

Ha habido muchas y diferentes manifestaciones de la anarquía traída por la iniquidad dentro de la iglesia. Una de estas tuvo lugar en las últimas décadas con el autodenominado movimiento a la "co-igualdad" o "co-igualdad de ancianato." Esta es una forma de gobierno dentro de la iglesia local que no reconoce ninguna cabeza dentro del grupo, ancianos "co-iguales" gobiernan la iglesia. Es interesante notar que después de la muerte de Josué ese es exactamente el tipo de gobierno que Israel adopta; no había un líder sino los ancianos guiaban como un grupo. Esta era la forma de gobierno que produjo la total anarquía que sumió a Israel en los años siguientes. (Josué 24). Este tipo de gobierno aunque es mucho mejor que la anarquía produce falta de visión, motivaciones secretas, estancamiento etc. Esto es definitivamente una forma de gobierno errada que generalmente brota de una rebeldía contra la autoridad establecida, y es una forma de iniquidad.

Otra expresión de la iniquidad dentro de la iglesia es la usura. Este problema fue previsto por el Apóstol Pablo, quien pone en preaviso a la iglesia en Efeso de este gran peligro. (Hechos 20:29-30) Siempre han existido los individuos que entran a una iglesia o grupo de iglesias con la intención de apoderarse del liderazgo, o de hacer a un lado a los individuos ordenados en y con autoridad. Es generalmente la persona ambiciosa la que cae en las garras de estas personas y sucumbe a ellas siguiéndolas para su propio dolor. Talvez Dios utiliza a estos hombres para podar su iglesia de aquellos cuyos corazones están a la deriva. De cualquier forma, el trauma que resulta de esto hiere a mucha gente y entorpece la obra de Dios. Las divisiones que estos hombres causan pueden impedir por años la fe de aquellos que son débiles o bebes en el Evangelio.

La Historia de una Usura

Había un estimado barón apostólico en una nación lejana. Quien después de veinte años de fiel trabajo, el Señor había puesto como supervisor de varias iglesias, y la unción y la bendición fluían cada vez más intensamente. Como es tan común, las evidencias de su exitoso ministerio comenzaron a atraer a aquellos que querían participar del fruto. Muchos vinieron en integridad pues veían el llamado apostólico del hermano. Otros venían solo por que veían oportunidades ministeriales, y su deseo de "comer de la cosecha." Como David en 1 Crónicas 12:17, mi amigo los recibía a todos. Pero era cuidadoso en cuanto a aceptarlos, dejando que el Espíritu Santo muestre quien esta de paso y quien se queda.

Uno de los nuevos que habían llegado al grupo tenía una gran iglesia y una personalidad muy carismática o atrayente. Era obvio que el venia con ideas de liderazgo en su mente que no necesariamente incluían a nuestro fiel hermano apóstol. Al mismo tiempo una gran red apostólica que estaba en proceso de expansión llego al área. Atraído por la obra que esta organización había hecho y deseando unirse con fieles hombres con llamados apostólicos, él y muchas de las iglesias lo seguían y todas las que el había levantado de cero, comenzaron a relacionarse con esta red. Pero luego de unos meses descubrió que una jerarquía piramidal se estaba formando y no una unión basada en hermandad y relaciones personales. Cuando él resistió los esfuerzos de asimilarlo a esta gran institución, la red lo dejo de lado, pero se llevaron a aquel líder carismático de la iglesia grande y a otra iglesia más. Ambas iglesias eran las más pudientes económicamente y las que tenían mayor número de asistentes, pero no necesariamente las más espirituales.

Cuando fueron confrontados con lo que hicieron, dividir una pequeña red apostólica que se estaba desarrollando sanamente, su respuesta fue que "ellos no dividieron la obra sino que la ambición del líder carismático quien los siguió fue lo que dividió la obra." En realidad, si se analiza la situación, esto era cierto. Pero la iniquidad en el corazón de un hombre llamara a la iniquidad en el corazón de otro, de la misma forma que "Un abismo llama a otro." El daño estaba hecho. Relaciones fueron puestas bajo presión. La obra sufrió un retraso. Es también notorio que la poderosa red que atrajo a estas dos iglesias traía en si las semillas de la destrucción lo cual a su tiempo broto y ellos tuvieron grandes problemas de división.

Muchos pastores aceptan a miembros disgustados con otras iglesias de la misma ciudad o vecindario sin cuestionamientos. Esto es equivalente a promover la anarquía e iniquidad. Usualmente esto transfiere pecado y desorden de un grupo o iglesia a otro. Que Dios nos otorgue gente y trabajadores fieles que no sucumban al espíritu de iniquidad.

Líderes; un Don de Dios

Es claro que una de las razones por que Dios da lideres a su iglesia es para salvaguardarla de la anarquía e iniquidad. Esto se debe a que los lideres verdaderos dirigirán a la gente hacia el Buen Pastor y no hacia si mismos. Esto es lo que el apóstol Pablo decía a cerca de aquellos que trataban de usurpar la autoridad dentro del cuerpo de Cristo; tratan de llevar discípulos en pos de si.

Así como el Padre dio a su Hijo (Juan 3:16), el Hijo a su vez le da a la Iglesia ciertos dones, los llamados cinco ministerios (Efesios 4:11) cuyo propósito es de formar, equipar y guiar a la iglesia, servir a la iglesia, llevarla a la madurez para que cumpla su destino dado por Dios. Estos hombres llenos de dones están ungidos para ese propósito y tienen verdadera autoridad dada a ellos desde el cielo. Por tanto, debemos concluir, de que uno de los resultados de estos ministerios es que cause que los corazones de los hombres sean probados, como toda autoridad de lo alto prueba corazones. Por ejemplo, la autoridad apostólica verdadera hará salir a luz la rebeldía de los corazones; no solamente con el propósito de exponerla, pero que al exponerla esta sea quitada. Cuando la autoridad de Dios es ejercida apropiadamente por apóstoles esta tiene el efecto de destruir toda rebelión en contra del Rey de Reyes al cual se exalta en el cuerpo de Cristo. Yo digo esto por que Efesios 4 tiene rastros del Salmo 68:18 que dice:

Subiste a lo alto, cautivaste la cautividad, tomaste dones para los hombres, [B] Y también para los rebeldes, para que habite entre ellos JAH Dios.

Es vital que veamos la importancia de los apóstoles en este sentido. El Espíritu Santo levanta a ancianos y otros ministerios en la Iglesia (Hechos 20:28), pero es Cristo mismo quien personalmente llama a los apóstoles (ya a los otros dones de los cinco ministerios). Muchos pasajes nos enseñan que los apóstoles son llamados directamente por Cristo. (Romanos 1:1, 1 Corintios 1:1, 2 Timoteo 1:11). También parece indicar que hay un testimonio entre las personas (o por lo menos debería de haber) cuando estas son instruidas de que reconocen a un verdadero apóstol.

De acuerdo al apóstol Pablo, el fundamento de la iglesia esta puesto sobre el equipo apostólico-profético (Efesios 2:20; 3:5). Con el oficio viene la unción y la función en aquella área en específico dada por Cristo. Sin embargo no puede ser conseguida por estudio u obteniendo títulos o credenciales, ni siquiera por oración. Es algo sobrenatural, no humano. La habilidad humana no tiene nada que ver con la unción, aunque la puede adornar si es que esta se somete a la unción de manera total. Esta viene de Jesucristo y es parte de la unción global que fluye de El. La iglesia primitiva fue fundada sobre la doctrina y unción apostólica, y las iglesias del Nuevo Testamento deben de seguir construyendo sobre esa doctrina y unción. Por que Cristo es el mismo de ayer, hoy, y siempre.

Esto no quiere decir que una nueva doctrina apostólica se esté formando el día de hoy, de hecho eso no es cierto. Al fin del libro del Apocalipsis el apóstol Juan advierte que nadie deberá añadir o quitar de las palabras de este libro. (Apocalipsis 22:18-19). No cabe la menor duda de que el Espíritu Santo se refiere a la Palabra de Dios, canonizada mucho mas tarde pero conocida por El aun entonces. Lo que esta escrito en la Biblia es todo lo que tenia que ser escrito, ningún apóstol tiene que venir y añadir o quitar nada de esta revelación escrita.

Mientras que por casi dos mil años hombres honestos han lidiado sobre detalles de interpretación de la Palabra, esto no cambia la naturaleza de Ella. Hay lugar para honestas diferencias entre los de corazón sincero. Esto teniendo en mente de que el Espíritu Santo no guiara a todos a la verdad antes de que todo termine si nos mantenemos honestos, enseñables y humildes.

Dios demanda de los apóstoles, más que de todos sus ministros, que quiten toda malicia de sus ministerios. Dentro de las muchas hermosas características del ministerio del Apóstol Pablo este describe como numero uno el hecho que:

> "2 Antes bien renunciamos a lo oculto y vergonzoso, no andando con astucia, ni adulterando la palabra de Dios, sino por la manifestación de la verdad recomendándonos a toda conciencia humana delante de Dios." (2 Corintios 4:2)

El Problema de los Falsos Apóstoles

El ultimo, pero definitivamente no el menor, de los problemas de la iglesia moderna asociado con el misterio de la iniquidad es la existencia de los falsos apóstoles. De acuerdo al apóstol Pablo en 2 corintios 11:13-15, falsos apóstoles no son solo trabajadores deshonestos, sino agentes de Satán mismo (aun cuando algunos lo sean sin ellos darse cuenta). Estos hombres buscaron la gloria, dinero, y autoridad para ellos mismos y también predicaron falsa doctrina, no en línea con la sana doctrina sobre la cual la iglesia esta fundada.

No es para asombrarse que cuando felicitaba a la iglesia de Efeso, Cristo en el libro de Apocalipsis nota que:

> "² Yo conozco tus obras, y tu arduo trabajo y paciencia; y que no puedes soportar a los malos, y has probado a los que se dicen ser apóstoles, y no lo son, y los has hallado mentirosos. (Apocalipsis 2:2)

Solo verdaderos apóstoles pueden depositar, plantar y mantener los cimientos de la iglesia de Dios. Si los fundamentos o cimientos no son verdaderos todo el edificio estará torcido.

Dios me ha bendecido con dos hijos que son constructores. Unos años atrás uno de ellos fue contratado por una empresa desesperada que acababa de despedir a la persona a cargo de la obra. El techo ya estaba puesto y las vigas en posición, cuando ellos descubrieron que todo el edificio estaba fuera de plomada o no bien alineado. Mi hijo fue contratado para ver si el podía arreglar el problema. Fue cómico, heroico, y trágico a la vez, cuando uno miraba a ese grupo de personas empujar y mover esa armazón. Ellos soltaron algunas partes de las paredes. Ellos tenían dos camionetas encadenadas a secciones de la pared, para moverla pero no romperla. Luego de un día entero de trabajo, ellos lo tenían casi a plomada, medida; suficiente como para pasar la inspección. Si los cimientos hubieran estado malos, hubiese sido imposible corregir el problema.

Como cualquier constructor lo puede decir, es difícil, sino imposible, el corregir un edificio cuyo cimiento esta torcido o desalineado. ¡Pero no nos desanimemos! No todo esta perdido. El Espíritu Santo es el contratista que viene a asegurar nuestro cimiento, aun después de que la construcción del edificio comenzó. Sin embargo El utiliza a los verdaderos apóstoles y profetas para hacer el trabajo.

10

LA NECESIDAD DE AYUDA

Una historia que me contó un anciano muchos años atrás en el Este de Carolina del Norte ilustra la mentalidad de muchos hermanos. El me contó de un granjero que vivía en la isla del Rio Roanoke. Este granjero estaba muy orgulloso de su isla pues tenía excelente tierra para sembrar. El vivía solo con sus pollos, vacas, y perros en esa hermosa granja.

Un día un grupo de rió arriba vino a el a advertirle de una inundación que se avecinaba. "ha habido lluvias torrenciales en las montañas y una inundación se viene hacia ti. ¡Sal de tu isla mientras puedas!" El viejo granjero rehusó salir, diciendo que se quedaría quieto en su isla. El había estado allí toda su vida y había sobrevivido inundaciones en el pasado. El sabia que el Señor no lo iba a desamparar.

El rió comenzó a subir hasta que el viejo granjero tuvo que treparse a su techo. Un vecino vino con una lancha a motor y la misma situación se desarrolló. Nuevamente el viejo granjero insistió que Dios le ayudaría y que no necesitaba la ayuda de su vecino. Finalmente, un helicóptero de la guardia nacional llego y le ofreció salvarlo de su techo que ya estaba apunto de ser cubierto por las aguas que seguían creciendo. Nuevamente la respuesta fue: No, el Señor me librará."

Minutos mas tarde la corriente del rió llego al granjero y se lo llevo ahogándolo en la furia de sus aguas. Cuando el Granjero llega al cielo el se acerca al Señor y le reprocha: "yo puse mi fe en ti, y tu no me ayudaste." El Señor con enorme paciencia mira a los ojos del amargado recién-llegado, y le dice: "Te escuche, y te mande tres grupos de personas para salvarte y tu las rechazaste."

Tenemos que desear la ayuda y ser lo suficientemente humildes como para crear relaciones que proveerán cubierta y ayuda en los tiempos de dificultad. Afortunadamente, existen bastantes hermanos y pastores independientes en el Reino que están buscando sinceramente la hermandad e identidad. Esto es sin lugar a dudas el resultado de un mover del Espíritu de Dios. Hay muchos, que entienden la vulnerabilidad de estar solos y que la efectividad verdadera viene cuando trabajamos en equipo como parte de un grupo más grande. Por eso el Espíritu Santo esta creando un anhelo por la unidad y esto es algo realmente bueno.

La Biblia nos da muchos ejemplos de la importancia de trabajar con otros y de los peligros intrínsicos de caminar solos. Tal vez uno de los ejemplos más claros se encuentra en el libro de Jueces y en la historia de Lais:

> 27 Y ellos, llevando las cosas que había hecho Micaía, juntamente con el sacerdote que tenía, llegaron a Lais, al pueblo tranquilo y confiado; y los hirieron a filo

de espada, y quemaron la ciudad.28 Y no hubo quien los defendiese, porque estaban lejos de Sidón, y no tenían negocios con nadie. Y la ciudad estaba en el valle que hay junto a Bet-rehob. Luego re-edificaron la ciudad, y habitaron en ella. (Jueces 18:27-28)

La gente de Lais era pacifica, y no se metían en problemas con nadie, en toda forma eran independientes y felices. Sin duda, ellos nunca consideraron que vendría el día en que necesiten ayuda de nadie. Pero ese día llego y no hubo quien los salvase, por que ellos se encontraban lejos de Sidón (ayuda) y ellos no tenían vínculos con ninguna otra nación.

La Palabra de Dios nos enseña que mientras mas se dedique alguien y se alinee con el plan de Dios, más atacado será por el enemigo. Esto es especialmente cierto para los lideres de iglesias. El enemigo atacará cualquier debilidad que el vea, pecado no confesado, heridas no sanadas, cualquiera. El enemigo y sus fuerzas demoníacas odian a la iglesia y a cada creyente.

Una de las formas que Dios ha puesto para la protección de su pueblo es la ayuda entre hermanos. El cuerpo de Cristo esta hecho de partes, dones, y niveles de entendimiento. Los miembros se necesitan unos a otros (1 Corintios 12:14-26). Estas escrituras se cumplen en cada iglesia local a manera que los miembros funcionan en unión a través de los cinco ministerios dentro de la comunidad.

Si bien todos somos técnicamente partes del Cuerpo, nosotros podemos estar solos en la batalla. Cuando David busco la muerte de Urías, el desarrollo un plan para dejarlo solo en la batalla, y así que sucumba a las fuerzas enemigas. (2 Samuel 11:14-15) Dejado como una oveja lejos del redil, el fin de Urías fue sellado. Nuestros chances de sobrevivir son muy pequeños si nos encontramos solos en la batalla. Sin embargo, esa es la situación de muchos líderes hoy en día – solos en medio de la batalla.

Como un ejemplo positivo, el primer acto de Saúl como rey fue el levantar al ejército israelí en defensa de los gabaonitas. (1 Samuel 11). Estos hombres, rodeados por el enemigo, en desesperación mandaron a pedir ayuda de Saúl. Ellos sabían que desde los días de Josué ellos eran hermanos de Israel y que sus hermanos vendrían a ayudarlos. Que gran ejemplo del cuerpo de Cristo en acción. Una gran liberación tomo lugar a favor de los gabaonitas cuando reconociendo sus limitaciones, llamaron a sus hermanos pidiendo ayuda.

La vida de David es un buen ejemplo. Durante su vida, David fue confrontado con muchas tribulaciones, traiciones y luchas por el poder; su hijo Absalon, su hijo Adonias, y su primo Joab. Pero como el había establecido una buena relación padre/hijo con sus hombres de guerra, ellos le sirvieron en tiempos de tribulación. En una ocasión le salvaron de gigantes que seguramente le hubiesen matado. (2 Samuel 15:21) La relación entre David y sus hombres no es solo una gran lección para los líderes, sino también en la importancia de relacionarse correctamente con los demás para tomar y mantener el Reino.

El Escritor de Eclesiastés lo dijo magistralmente:

9 Mejores son dos que uno; porque tienen mejor paga de su trabajo. 10 Porque si cayeren, el uno levantará a su compañero; pero ¡Hay del solo! que cuando cayere, no habrá segundo que lo levante. 11 También si dos durmieren juntos, se

calentarán mutuamente; más ¿cómo se calentará uno solo? 12 Y si alguno prevaleciere contra uno, dos le resistirán; y cordón de tres dobleces no se rompe pronto. (Eclesiastés 4:9-12)

En años recientes, nos hemos lamentado el mal testimonio de muchos ministerios internacionales que se volvieron vergonzosos espectáculos. Como resultado, muchos pastores han dicho: "si tan solo hubiera tenido una relación con alguien que le hubiera hablado a cerca de su vida personal." Pero, casi siempre el hermano que cayó era orgulloso, independiente y aun en la crisis fue incapaz de ver el valor de los consejos y la ayuda de otros. Ayuda que, si la hubieran tenido no hubieran caído.

El Problema de la Independencia

Existen muchos pastores y lideres que si bien reconocen la necesidad de confraternizar, no desean ninguna relación profunda que requiera cualquier tipo de compromiso. Muchos tuvieron horrendas experiencias relacionándose con líderes legalistas o ambiciosos que nada mas los utilizaron a ellos, o a sus iglesias, para su propio beneficio. Muchos son demasiado orgullosos para admitir que necesitan ayuda y que no lo saben todo. O tienen arraigada la identidad cultural del mundo que les hace cantar como Sinatra "a mi manera."

Pero, regresemos a Lais. Cuando los que iban a conquistar a Lais llegaron, esto fue lo que observaron de la gente de la comarca:

⁷ Entonces aquellos cinco hombres salieron, y vinieron a Lais; y vieron que el pueblo que habitaba en ella estaba seguro, ocioso y confiado, conforme a la costumbre de los de Sidón, sin que nadie en aquella región les perturbase en cosa alguna, ni había quien poseyese el reino. Y estaban lejos de los sidonios, y no tenían negocios con nadie. (Jueces 18:7)

Que figura de confianza, la gente se sentía salva y segura sin necesitar a nadie. No existían gobernadores o magistrados en la comarca a quienes les tengan que rendir cuentas. No tenían tratos con la gente de afuera. Ellos Vivian "como" los Sidonios, pero ellos estaban lejos y no les debían obediencia a ellos o a nadie. Y la verdad es que, nadie tenia una relación con ellos ni tampoco les rendía cuentas a ellos. Ahora se entiende por que fueron presa tan fácil.

En realidad la gente de Lais vivía sola y por eso perecieron, con esto no quiero decir que siempre la ayuda de afuera solucionara los problemas, o salvara la ciudad. Sin embargo es lo mejor que Dios nos quiere dar, pues ninguno de nosotros tiene todas las respuestas a todos los problemas. Ni tampoco tenemos la habilidad de llevar a cabo toda tarea. Salomón lo dijo: "14 Donde no hay dirección sabia, caerá el pueblo; Mas en la multitud de consejeros hay seguridad." (Proverbios 11:14) Hay gente especial que Dios pone en nuestras vidas para ayudarnos a desarrollar en lo natural; padres, maestros, entrenadores, sargentos militares, mentores en el trabajo etc. (los hombres de los botes, y los guardacostas en helicópteros). Nuestro progreso generalmente depende de nuestro deseo de ser ayudados, de asimilar lo que nos enseñan y ponerlo en práctica. Lo mismo ocurre en nuestra vida espiritual. Así como la vida natural depende de la ayuda de otros, nuestra vida espiritual también depende de la ayuda de otros. Dios requiere esas relaciones especiales para guiarnos en nuestras vidas. ¿Por qué Dios habría de querer nuestra independencia en la vida espiritual? Nosotros necesitamos buscar de forma activa y estar abiertos a esas relaciones especiales que Dios provee para que recibamos el máximo beneficio de nuestro caminar espiritual.

Retrasando la Obra de Dios

Hoy, una de las provisiones de Dios que le permite a la iglesia salvarse de ser como la gente de Lais es el brote de redes apostólicas: grupos de iglesias que trabajan juntas bajo la dirección y liderazgo apostólico. A través de toda la tierra tales redes han surgido y prometen proveer a la iglesia local con la cubierta espiritual que necesitan.

De vez en cuando, nosotros recibimos invitaciones de varios grupos para unirnos y ser parte de ellos. Usualmente la invitación vendrá de uno de los hombres claves alrededor de quienes se forma tal movimiento. Si bien muchas de estas redes son legitimas, muchas veces estas son crudos intentos en aprovecharse de la vulnerabilidad de iglesias solas apoderándose de su dinero y lealtad.

Muchas veces, hombres retrasaran la obra de Dios al tomar las ideas dadas por Dios pero ejecutándolas en su carne. En mi propia vida he visto varios moverse legítimos del Espíritu Santo que han sido seriamente contaminados e impedidos por la ambición y celo extremo de los hombres

Por ejemplo, Dios quiere disipulado legítimo y autoridad correcta dentro de su iglesia. Sin embargo muchos están cansados de la supervisón apostólica y hasta de la pastoral por que han experimentado abusos en el pasado. Lo mismo es cierto de al prosperidad y la fe. No cabe duda de que Dios nos quiere bendecir, pero por el exceso de unos cuantos que sin entendimiento no hablan con balance la Palabra de Dios, la Iglesia esta escéptica de los movimientos de prosperidad y palabra de fe, y no examinarán los meritos que los proponentes de estos movimientos tienen que ofrecer. Esto es algo desafortunado, por que siempre hay algo que aprender.

Lo mismo es cierto a cerca de los profetas. Dios ciertamente quiere restaurar el ministerio profético en nuestros días. Sin embargo hay tanta presunción y locura asociada con esta restauración que muchos la rechazan del todo. Algunos hasta la temen. Muchos profetas se sienten que no le tienen que rendir cuentas a nadie aquí en la tierra, y cometen excesos.

En nuestros días, Dios quiere re-establecer el verdadero ministerio apostólico y la relación hijo/padre. Pero una vez más, hombres toma la visión de Dios y la ejecutan en su carne. En los siguientes capítulos veremos en una luz positiva el corazón de un apóstol. Basta decir por el momento que aquellos que estamos siendo llamados al apostolado no nos debemos enlodar en el pantano espantoso del orgullo, ambición y oportunismo.

11

RELACIONES VERTICALES VERSUS HORIZONTALES

A lo largo del mundo hoy día, hay un gran énfasis en promulgar unidad entre pastores e iglesias en cada localidad. Este movimiento es sin lugar a dudas una obra del Espíritu Santo y ha producido mucho fruto en muchos lugares. Pastores locales en un gran número de ciudades se reúnen regularmente para alabar y orar, y están organizando servicios conjuntos de alabanza, evangelización, y actividades juveniles. Muchas están derribando barreras denominacionales históricas, así como culturales y raciales, para presentar un frente unificado a los principados, potestades y a los no salvos.

Estas relaciones pastor a pastor e iglesia a iglesia en diferentes ciudades y localidades, son mejor entendidas como relaicones horizontales. Estas están ocurriendo a pesar de las diferencias culturales, de visión y de doctrina. Son beneficiosas en muchas maneras, pero espercialmente en el hecho de que tienden a unir las fortalezas y los dones de las iglesias locales, lo cual resulta en que mucho más sea alcanzado en el Reino localmente.

La iglesia del Nuevo Testamento casi siempre era descrita por los apóstoles en términos geográficos. Grupos de iglesias regionales pueden desarrollar jóvenes líderes y lanzarlos a niveles nacionales e internacionales a través de sus conecciones verticales (de las cuales hablaremos en un momento). Cuando ocurren problemas, estas iglesias están en una mejor posición para ayudarse una a la otra rápidamente. Mucho se logra en y para el Reino de Dios a través de estas relaciones horizontales.

Relaciones Verticales

Por otro lado, el Nuevo Testamento revela que también hay relaciones verticales como horizontales. Esto incluye autoridad, supervisión, protección, identificación y esas distinciones que nos hacen diferentes el uno del otro. Estas incluyen varios tipos de visión, transfondo cultural, origenes denominacionales, y cosas parecidas. También incluyen relaciones padres-hijo. Tal vez la manera mas simple de ver esto es que las relaciones horizontales son regionales, vecino-con-vecino, mientras que las verticales son escencialmente "familiares". Las iglesias y los líderes siempre han tenido una tendencia a organizarse verticalmente por historia, doctrina, relaciones, y visión.

Desafortunadamente, debido a la falta de verdaderos padres y las resultantes relaciones verticales "plásticas", en muchas situaciones el ministerio y la cuasi cobertura que toma lugar en las relaciones horizontales, se convierten en mucho mas significativas para jóvenes líderes que se encuentran en la lucha, que las realciones verticales.

Es bastante obvio que ambos tipos de relaciones son buenas y están en el plan de Dios. La relación de Pablo con Timoteo, con Tito, con muchos otros, y con las iglesias plantadas y nutridas, era escencialmente vertical en naturaleza. El viaje a Jerusalén en Hechos 15, para tratar con la pregunta del legalismo, trabajó por medio de relaciones verticales. La relación de Pablo y Bernabé con la iglesia de Antioquía era vertical. La relación de los hombres de Jabes de Galaad con Saúl era vertical (1 Sm 11:1-11), y esto es verdaderamente lo que los salvó de sus enemigos cuando vino la crisis.

En la carta a los Corintios, el apóstol Pablo da instrucciones acerca de cuando "toda la iglesia se reúne en un solo lugar" (1 Co. 14:23). Sabemos que la iglesia primitiva consistía en muchas iglesias en casas y las instrucciones de Pablo, sin lugar a dudas, se aplicaban a esos tiempos cuando todas esas iglesias en casas se reunían. La iglesia primitiva es frecuentemente descrita geográficamente; por ejemplo, la iglesia de Laodicea, la iglesia de Colosas, la iglesia de Roma, etc. Esto sugiere relaciones horizontales.

Manteniendo Un Balance Entre Ambas

La voluntad de Dios es que mantengamos a ambas relaciones en balance. Debemos recibir lo que se nos es dado de los padres y equipos apostólicos a través de relaciones verticales.

"Lo que has oído de mí ante muchos testigos, esto encarga a hombres fieles que sean idóneos para enseñar también a otros. " (2 Tm. 2:2)

En esta relación vertical, Timoteo iba a tomar lo que había recibido del apóstol Pablo y pasarlo a otros. Esta es claramente una relación vertical. Pablo también le dijo a Timoteo "por lo cual te aconsejo que avives el fuego del don de Dios que está en ti por la imposición de mis manos", otra clara referencia a una relación del tipo vertical. Es claro que las relaciones verticales en el ministerio del apóstol Pablo.

El peligro siempre está en sacrificar un tipo de relaciones por otras. El exaltar o sobreenfatizar cualquiera de las verdades o ministerios o llamados o dones de Dios es estar fuera de balance, y siempre tendrá que ser tratado por El. En la relación padre-hijo hay una bendición que incluye fortalecimiento, cobertura, identificación y protección, que no pueden ser substituidas por relaciones horizontales. Es un asunto espiritual no intelectual. Es una pregunta de qué es lo que Dios va a hacer a través de esta relación, no qué es lo que el hombre va a hacer.

¿Pueden ver por qué es tan importante que hayan verdaderos padres y verdaderos apóstoles en el Cuerpo de Cristo? Si no los hay entonces un único y cierto canal de bendición, unidad, y fortaleza se pierde. Un verdadero apóstol animará a sus hijos a formar más y más relaciones horizontales y al mismo tiempo hará todo lo posible para fortalecer las relaciones verticales.

Es tiempo de hacer el círculo horizontal más grande, no más pequeño. Nunca olvidaré un poema que me enseñó mi esposa hace como unos cincuenta años que cuidadosamente expresa como debería ser nuestra actitud:

"El hizo un círculo que me excluyó...

Herético, rebelde, que se burló...

Pero el amor y yo prevalecimos...

Hicimos un círculo donde lo incluímos..."

Anónimo

Parte 4

*

EL Corazón de un

APÓSTOL

12

LAS MARCAS VISIBLES DE UN APÓSTOL

Yo conozco tus obras, y tu arduo trabajo y paciencia; y que no puedes soportar a los malos, y has probado a los que se dicen ser apóstoles, y no lo son, y los has hallado mentirosos. Ap. 2:2

En el libro de Apocalipsis, el Señor elogia a la iglesia de Efeso por su discernimiento entre verdaderos y falsos Apóstoles. Si vamos a seguir al Señor en esto y vamos a recibir sus elogios, debemos también nosotros ser capaces de reconocer y probar a los verdaderos y falsos apóstoles. Cuando venimos a las Escrituras, vemos que hay muchas evidencias que nos muestran como son los verdaderos apóstoles y como debe ser su comportamiento. En esta parte del libro examinaremos cuidadosamente las marcas de un verdadero apóstol, sacando de las Escrituras un retrato bíblico de este tan importante ministero.

Mucho se ha escrito ultimamente a cerca de la función de un apóstol, y así se ha definido el apostolado por su función. Mucho se ha escrito definiendo este oficio en base a modelos históricos y a las sombras del Antiguo Testamento. No es mi deseo el enfocarme desde estos ángulos, ya bastante usados. Hay bstantes y muy buenos libros que tratan con estos aspectos. Más bién, yo quisiera discernir que es lo que caracteriza a un apóstol de adentro hacia fuera. Cual debe ser su motivación clara del corazón. Después de todo, Dios está más interesado en el corazón que en las apariencias externas. Como es que se debería ver un apóstol a la luz de lo que hemos estado hablando a cerca de los padres. No hay duda de que Pablo compara el ser un apóstol al ser un padre si correlacionamos los versículos en 1 Cor 4:9 y 15 con los versículos de en medio:

Porque según pienso, Dios nos ha exhibido a nosotros los *apóstoles* como postreros, como a sentenciados a muerte; pues hemos llegado a ser espectáculo al mundo, a los ángeles y a los hombres. Nosotros somos insensatos por amor de Cristo, mas vosotros prudentes en Cristo; nosotros débiles, mas vosotros fuertes; vosotros honorables, mas nosotros despreciados. Hasta esta hora padecemos hambre, tenemos sed, estamos desnudos, somos abofeteados, y no tenemos morada fija. Nos fatigamos trabajando con nuestras propias manos; nos maldicen, y bendecimos; padecemos persecución, y la soportamos. Nos difaman, y rogamos; hemos venido a ser hasta ahora como la escoria del mundo, el desecho de todos. No escribo esto para avergonzaros, sino para amonestaros como a hijos míos amados. Porque aunque tengáis diez mil ayos en Cristo, no tendréis muchos *padres*; pues en Cristo Jesús yo os engendré por medio del evangelio. (Énfasis mio).

Antes de continuar adelante, siento que debo hacer la siguiente distinción. Mantengo que un apóstol ciértamente debe ser un padre. Éste es uno de los puntos más importantes de éste libro. Sin embargo, en caso de que haya alguna pregunta en la mente de alguien, quiero dejar claro que sin lugar a dudas hay algunos padres que son llamados a ser pastores o alguno de los otros cinco ministerios. ¿Son todos los padres apóstoles? No, hay padres-pastores pastoreando iglesias. Hay padres-apóstoles ejerciéndo autoridad sobre pastores e iglesias. No todos los ministerios son padres, pero todos los apóstoles deberían ser padres.

Algunas de las marcas de un verdadero apóstol, yo las he caracterizado como externas y evidentes. A éstas me refiero como las marcas "visibles" de un apóstol. Otras pueden ser clasificadas como "interiores" o internas; esto es, que están dentro del corazón. Sin embargo, auque están dentro producen un testimonio externo. Es por eso que yo me refieron a ellas como el "testimonio de vida" de un apóstol y he dedicado todo el siguiente capítulo a describirlas.

Cualquiera que se llame a sí mismo un apóstol (o que sea así llamado por otros) debe tener alguna medida de estas cualidades evidentes en su vida y su ministerio. Esto no quiere decir que todo el que tenga el manto apostólico va a personificar todas estas cualidades al cien por ciento. Sin embargo, debe haber alguna evidencia módica en su vida de estas cualidades si va a ser tenido como un verdadero apóstol. Esto no quiere decir que vamos a estar de acuerdo en quién es un apóstol y quién no lo es. Aún el apóstol Pablo, no era considerado como un verdadero apóstol por algunos (I Co. 9:1-2). Indudablemente parte de la razón fue que él no tenía una relación con ellos, así es que ellos no podían ver y recibir su carácter, don y corazón apostólico. De cualquier manera, debemos ser aptos para discernir, como la iglesia de Efeso, quienes son los verdaderos apóstoles en medio nuestro.

Las Marcas de un Apóstol: En la Palabra

Un verdadero apóstol debe tener la habilidad de enseñar, impartir y dejar un fundamento doctrinal sólido en una iglesia (Hch. 2:42; 1 Co. 3:9-10; Ef. 2:20). Esto no debe ser confundido con la habilidad de predicar. El predicar es un don glorioso y grandemente deseado, pero aquí estamos hablando de más que mover emociones y edificar almas. Pero tampoco deberíamos confundirnos con la recitación fría de doctrina estéril, que sólo estimula el intelecto. El intelecto habla al intelecto, como un abismo llama a otro. El verdadero fundamento de Dios debe ser establecido por el poder del Espíritu, no por el poder del intelecto. Esto no quiere decir jamás que la sana doctrina debe ser ignorada. Pero el Espíritu y la Palabra deben combinarse de manera que el Espíritu esté de alguna manera en la Palabra. De esta manera el fundamento es puesto por el Espíritu a medida que Él usa al apóstol.

Esta habilidad combina el evangelio (1 Co. 9:16-17) y a todos sus elementos con otras enseñanzas fundamentales. Esto incluye arrepentimiento de obras muertas, fe en Dios, la doctrina de bautismos, la imposición de manos, la resurrección de los muertos, y el juicio eterno (Heb. 6:1-2). También involucra la revelación del Rey de Su Reino. Esto es esencialmente lo que abarca la "doctrina de los apóstoles" a la que se refiere Hechos 2:42. Dentro de estos temas hay ciertamente una variedad de tópicos que podríamos abarcar. Pero éstos deben ser siempre enseñados dentro de los parámetros físicos y espirituales de la Escritura. Cuando estos parámetros son ensanchados, encogidos, o no estríctamente observados, de manera que algo es añadido u obviado de la Escritura, inevitablemente pondrá en peligro la fe de los creyentes y los cimientos de la iglesia. Las bases serán distorsionadas y la bendición de Dios nunca será plena.

Alguien preguntará en este punto, "¿Cuál es la diferencia entre el apóstol y el maestro en estas actividades en particular?" La respuesta es que hay muy poca diferencia en calidad y en cantidad. Los dones del maestro le permiten traer claridad a la Escritura de tal manera que los oyentes obtienen entendimiento y reciben revelación. Al hacer esto, él añade y fortalece el fundamento. La diferencia entre el apóstol y el maestro está en lo sobrenatural, en la unción gubernamental del apóstol de establecer el fundamento. El maestro no tiene la capacidad de poner las cosas en perspectiva con relación a otras cosas. A menudo él no ve la unión entre lo que lo profético, la enseñanza, el evangelismo y el pastorado contribuyen.

En muchas maneras, el hombre llamado al pastorado es similar al apóstol. Él tiene la unción para ver las cosas unidas trabajar juntas para el beneficio de la iglesia local, ya que él tiene el dón de ver los efectos en la iglesia. Siempre he pensado que el dón pastoral es simplemente local, mientras que el dón apostólico es ambos local y trans-local. El pastor está primordialmente enfocado en lo local, mientras que el apóstol está enfocado en el Reino a nivel mundial. En mis viajes, me he encontrado con muchos pastores locales que son apóstoles en desarrollo. A Su tiempo, Dios ensanchará sus tiendas para que su influencia alcance mucho más allá de su esfera local.

Hay otro punto que debe ser entendido con respecto a la medida que Dios da a cada hombre. En Deuteronomio, el Señor nos dice que hay "jefes de millares, de centenas, de cincuenta y de diez" (Dt 1:15). Algunos hombres son sólo jefes de diez. Ellos son unos maravillosos líderes de células en casas. Otros son jefes de cincuenta o de centenas, y pueden encargarse de situaciones y tareas que ocurren en grupos pequeños e iglesias pequeñas. No deben ser menospreciados ya que son tan importantes para el Reino de Dios como el pastor más grandioso dela iglesia más grande de París, Londres, o Los Ángeles. Otros son jefes de millares. Dios mismo conoce nuestras habilidades. Él no permitirá que un jefe de millares sea desperdiciado a no ser que exista una falta de cooperación personal con el Espíritu Santo que limite el deseo que Dios tiene de usarlo. El poner a un jefe de centenas o de diez sobre miles sería verdaderamente cruel. Es bueno evaluar nuestras limitaciones realísticamente.

Los dones sobre los cinco ministerios son importantes y se complementan grandemente unos a otros. Sin embargo la visión del apóstol es más amplia que la de los demás. Incluye la unción de encajar las diferentes partes. No sólo envuelve la unción de poner el fundamento, sinó también la de velar que los demás estén haciéndolo apropiadamente. Cuando le es permitido por el ministerio local, él tiene la habilidad de hacer correcciones en un fundamento defectuoso, y puede hacerlo de una manera que causa mínima destrucción y trauma en la iglesia.

Las Marcas de un Apóstol:
En las Acciones

¿Es justo esperar hoy en día que los apóstoles hagan las señales y prodigios que hicieron los apóstoles de la iglesia primitiva? No vamos a decir mucho a cerca de este punto. Ya que realmente cae en el ambito de la función. Sin embargo, es necesario mencionar los siguientes puntos

> "Y por la mano de los apóstoles se hacían muchas señales y prodigios en el pueblo; y estaban todos unánimes en el pórtico de Salomón." (Hch 5:12)

> "Y sobrevino temor a toda persona; y muchas maravillas y señales eran hechas por los apóstoles." (Hch 2:43)

Tal vez nos ayudaría primero el definir que son señales y prodigios. Según la definición de las concordancias de Thayre una señal es lo siguiente:

> "Una señal, una marca, seña; a) aquello por lo cual una persona o una cosa es diferenciada de las demás y es conocida; b) una señal, un prodigio, un agüero que es una ocurrencia inusual, que trasciendo del curso común de la naturaleza: 1) usado para señales que pronostican hechos remarcables por suceder; 2) usado para milagros y prodigios por medio de los cuales

Dios autentifica a hombres mandados por Él, o por medio de la cual hombres prueban que la causa por la que luchan es la causa de Dios."

Un prodigio, según la misma fuente es "1) un prodigio, un agüero; 2) un milagro hecho por cualquiera."

Es claro por el libro de lo Hechos que sanidades, liberaciones, salvación, y derramamiento del Espíritu Santo seguían a los apóstoles doquiera que ellos iban. Y no es una exageración decir que estas misma señales deberían ocurrir regularmente para autentificar a los verdaderos apóstoles hoy día. Digo regularmente por la siguiente razón. Si bien podemos leer el libro de los Hechos, en aproximadamente dos o tres horas, éste cubre aproximadamente veiticinco o treinta años de actividad. Los milagros que vemos en los Hechos no estaban necesariamente ocurriendo a diario. Ya que la prescencia del Señor era tan abundante en la iglesia primitiva, no hay duda que una señal como la muerte e Ananías y Safira fue bastante espectacular, pero no necesariamente algo que ocurriese a diario o ni siquiera anualmente. Por lo que sabemos este hecho en particular ocurrió solamente una vez.

Vemos muchos grandes milagros y señales ocurriendo en el mundo hoy. Si todos ellos se comprimirian en veintiocho capítulos de un libro, podríamos tener la impresión de que uno esta ocurriendo cada segundo. Sin embargo, éste no sería necesariamente el caso. A pesar de que muchas señales y milagros verdaderamente acompañan a apóstoles modernos, no todas son super espectaculares por naturaleza, ni tampoco deben serlo para confirmar el oficio. Pero habiendo dicho ésto, debe haber algo sobrenatural y maravilloso acompañando al ministerio apostolico en ciertos momentos. ¡Si no hay nada en absoluto, deberíamos detenernos y preguntarnos si estamos verdaderamente viendo el trabajo de un apóstol!

Las Marcas de un Apóstol: La Impartición de Dones

"Cuando vio Simón que por la imposición de las manos de los apóstoles se daba el Espíritu Santo, les ofreció dinero" (Hch 8:18)

En este pasaje del libro de los Hechos, los apóstoles fueron enviados a Samaria por los hermanos en Jerusalén para apoyar el trabajo del evangelista Felipe. Mientras el poderoso ministerio evangelístico de Felipe los había traído a Cristo, el Espíritu Santo todavía no había sido derramado sobre aquellos nuevos creyentes. Cuando los apóstoles llegaron, empezaron a poner manos sobre los creyentes quienes recibieron el bautismo en el Espíritu Santo. Una situación como esta se encuentra en Hechos 9L1-6 cuando Pablo se encuentra con los doce hombres, que eran creyentes, cerca de Efeso, Después de imponerles manos, ellos recibienron el Espíritu Santo y hablaron en lenguas y profetizaban.

Por el recuento en Hechos, parece que la gente recibia el bautismo en el Espíritu Santo directamente de Cristo (como en Pentecostés) o de las manos de los apóstoles. Esto representa una señal especial que debe ser parte del equipamiento apostólico. Muchos deberían recibir el Bautismo en el Espíritu Santo de las manos de un verdadero apóstol.

Pablo se refiere al don impartido a su joven hijo Timoteo, cuando él le impuso manos:

"Por lo cual te aconsejo que avives el fuego del don de Dios que está en ti por la imposición de mis manos." (2 Tm. 1:6)

Lo mas probable es que él se estaba refiriendo al mismo tiempo cuando los presbiteros (ancianos) habían impuesto manos sobre Timoteo, pues Pablo menciona que él estaba presente (1 Tm. 4:14). La implicación es que algo especial sucedió cuando Pablo le impuso manos a Timoteo. Sin redundar en el punto, es obvio que algo real es impartido cuando un apóstol impone sus manos, por el Espíritu, sobre un joven lider. Lo que recibiera Timoteo, estaba llamado a despertarlo, especialmente en tiempos de necesidad.

Las Marcas de un Apóstol: Autoridad

Toda autoridad viene de Dios (Rm. 13:1). Sin lugar a dudas las Biblia nos enseña que el único poder legítimo dentro de la creación está definitivamente en el Creador. Toda autoridad en la Tierra es delegada de arriba y el hombre es responsable por su uso, ya sea que lo crea o no lo crea. La autoridad apostólica es una autoridad delegada y es delegada con el propósito de construir la iglesia:

"Porque aunque me gloríe algo más todavía de nuestra autoridad, la cual el Señor nos dio para edificación y no para vuestra destrucción, no me avergonzaré" (2Co. 10:8)

La autoridad apostólica es delegada de arriba y debe ser usada únicamente para construir y no para destruir. Para fluir apropiadamente ésta tiene que ser canalizada a traveés de relaciones sólidas. De otra manera siempre resulta en legalismo. No fluye bien sin una relación. Pablo dijo,

> "No soy apóstol? ¿No soy libre? ¿No he visto a Jesús el Señor nuestro? ¿No sois vosotros mi obra en el Señor? Si para otros no soy apóstol, para vosotros ciertamente lo soy; porque el sello de mi apostolado sois vosotros en el Señor." (1 Co. 9:1-2)

Creo que todos reconocemos la existencia de la autoridad y la supervisión apostólica. Pero también podemos ver que existe en unos casos y en otros no (versículo 2). El ejercicio de autoridad está basado en involucramientoy servicio, no en posición. Existe el "apostolado gubernamental" basado en ésta relación e involucramiento que tiene que ser reconocido y aceptado por los santos siendo gobernados. El apóstol no es responsable de hacer que la autoridad funcione, sino los santos, ya que la verdadera sumisión a la autoridad sólo puede venir del corazón, una sólida relación de confianza, valor, y amistad, tiene que estar en pie. También hay un "apostolado ministerial" el cual no tiene que involucrar supervisión de ninguna clase. El reconocer que alguien tiene el don del apostolado no le confiere necesariamente autoridad sobre las vidas y situaciones.

Alejandro

Plutarco cuenta la historia de Alejandro el Grande. Alejandro vivió del 356 al 323 A.C. El es reconocido como uno de los más grandes líderes de todos los tiempos. El conquistó y ejerció tremenda autoridad sobre la mayor parte del mundo conocido antes de morir a la edad de 33 años. Esta historia es recontada por Bill Bennett1 e ilustra como la autoridad es realizada y fluye en servicio y relación en vez de posición.

"Alejandro el Grande estaba liderizando sus tropas hacia casa después de su gran victoria contra Porus en India. El país por el cual ahora estaba marchando, estaba vacío y desertico, y su ejercito sufría tremendamente por el calor, el hambre, y más que todo la sed. Los labios de los soldados se rajaban y sus gargantas se quemaban por la necesidad de agua, y muchos estaban listos para echarse y morir.

Un día como al medio día, el ejercito se encontró a un grupo de viajeros griegos. Ellos estaban en mulas y llevaban con ellos jarrones llenos de agua. Uno de ellos, al ver que el rey casi se ahogaba de sed, lleno su casco de agua y se lo ofreció.

Alejandro tomo el casco en sus manos, y luego miró alrededor a las caras de sus soldados sufrientes, quienes anhelaban el agua tanto como él.

"Llévenselo", dijo él,"porque si la tomo solo el resto quedará descorazonado, y ustedes no tienen suficiente para todos."

Así que el devolvió toda el agua sin haber tocado una gota. Y los soldados ovacionando a su rey, saltaron sobre sus pies y demandaron ser guiados hacia delante"

Aunque el apóstol debe algunas veces "arrancar y derribar" como también traer corrección, el motivo detrás de la autoridad divina es siempre de animar y edificar a la iglesia y su gente. Si la corrección no es seguida de ánimo y edificación, es muy dudoso que la autoridad haya sido ejercitada apropiadamente.

La autoridad también es limitada. Pablo lo dice en 2 Co. 10:13-15

"Pero nosotros no nos gloriaremos desmedidamente, sino conforme a la regla que Dios nos ha dado por medida, para llegar también hasta vosotros. Porque no nos hemos extralimitado, como si no llegásemos hasta vosotros, pues fuimos los primeros en llegar hasta vosotros con el evangelio de Cristo. No nos gloriamos desmedidamente en trabajos ajenos, sino que esperamos que conforme crezca vuestra fe seremos muy engrandecidos entre vosotros, conforme a nuestra regla"

Nótese que Pablo menciona el no gloriarse "desmedidamente, sino conforme a la regla que Dios nos ha dado por medida" Dios lo había designado como apóstol. El ir más allá del límite de autoridad designado es ser ambicioso. Siempre es demoníaco por naturaleza y produce una reacción negativa en el cuerpo de Cristo. Pablo termina el capítulo 10 de Segunda de Corintios con la advertencia, "Mas el que se gloría, gloríese en el Señor; porque no es aprobado el que se alaba a sí mismo, sino aquel a quien Dios alaba" (2 Cor 10:17-18). El buscar autoridad más allá de la medida dada por Dios es siempre un intento de auto-glorificación. Es la base del falso apostolado de la cual se nos previene en Apocalipsis 2:2. La auto promoción es claramente un principio satánico y está en el corazón del intento de auto exaltación por encima del trono de Dios.

No se necesita ni decir, que el gloriarse desmedidamente es evidencia de la carne. Contrastamos esto con el testimonio personal de Pablo con respecto a la manera en que él se comportó mientras estaba con los corintios

> "Porque nuestra gloria es esta: el testimonio de nuestra conciencia, que con sencillez y sinceridad de Dios, no con sabiduría humana, sino con la gracia de Dios, nos hemos conducido en el mundo, y mucho más con vosotros. Porque no os escribimos otras cosas de las que leéis, o también entendéis; y espero que hasta el fin las entenderéis" (2 Co. 1:12-13)

Que gran diferencia entre la manera que el apóstol se comportó mientras estaba con ellos y aquella de los super apóstoles quienes los habían seducido a través de su propia exaltación. La simplicidad y la sinceridad divinas demandan que el apóstol camine humildemente, no exaltándose a sí mismo y a sus propios logros en contraste con los de los falsos apóstoles, cuya autoridad estaba basada en sus propias reclamaciones carnales.

Esta actitud del corazón incluía la negación de Pablo a tratar de controlar a los demás o interferir con su fe.

"No que nos enseñoreemos de vuestra fe, sino que colaboramos para vuestro gozo; porque por la fe estáis firmes." (2 Co. 1:24)

Pablo entendía que cada individuo en el Cuerpo de Cristo debe caminar por su propia fe, ya que este es el único camino a la madurez cristiana y a agradar a Dios. De acuerdo con Pablo, éste es el rol del apóstol (y para el resto de los cinco ministerios): que a través de ellos la iglesia sea llevada a la madurez, para que sean agradables a Dios en todo (Ef. 4:13-15). El ejercer dominio sobre la fe de alguno es retenerlos de madurar en la misma manera que un padre, quien previene a su hijo de tropezar y caer, le impide aprender a caminar.

En el pasaje mencionado arriba, Pablo deja claro que la meta del ministerio es la de ser compañeros de trabajo, promoviendo en gozo de los santos, mientras que al mismo tiempo, reusando a tomar dominio sobre su fe. Aunque él trata duramente con los problemas de los corintios sin vacilación, inclusive ejerciéndo autoridad para entregar a un hombre pecador a Satanás, él no toma dominio sobre su fe. Su manera de trabajar es darles la palabra, esperando que al oirla ellos sean obedientes (2 Co. 2:9). Ahora bien, éste era definitivamente un asunto arriesgado ¿qué si la iglesia no hubiera respondido? El hecho es que ellos sí respondieron. El fundamento que el apóstol había dejado era bueno, él podía confiar que el Espíritu Santa daría testimonio de sus palabras y que trabajaría en los corazones de la gente y de sus líderes.

Mucho mas acerca de esto será dicho en el capítulo 13 bajo el título "Confianza en Cristo".

Muchas veces he visto padres apóstolicos correr a ayudar a la primera señal de problema, tomar la autoridad de las manos del líder local y tratar de controlar el resultado. Esta puede aparentar ser la manera más segura de proteger la reputación apostólica, pero ciertamente no es la manera paulina. Tampoco es la manera de asegurar que los santos lleguen a la madurez.

Hace muchos años, durante una severa crisis gubernamental en una maravillosa iglesia donde me habían pedido ayudar, yo recibía llamadas casi a diario de hermanos muy interesados en el resultado. Muchas de estas llamadas eran hasta intimidantes e insistían que yo "haga algo". Una llamada vino tarde una noche de un hermano profético que tenía gran influencia en el ambito cristiano y en nuestra situación. El me dijo que "todo se estaba desmoronando, y que si yo no hacia algo, él iba a tener que intervenir encontrar a alguien con algo de autoridad, hacer algo, y que si todo se venía abajo, que iba a ser yo el culpable". Yo le dije tan calmadamente como pude que era obvio por sus propias palabras, que él reconocía su propia falta de autoridad, y que probablemente sería mejor si él se mantenía al margen de toda esta situación. Yo ya sabía que una solución se estaba dando y en unos días el Señor suplió la respuesta al problema y todos vieron la mano de Dios trabajar en vez de la mia. Cuando la respuesta se tornó obvia, entonces tuve yo que actuar y ponerla por obra, pero quedaba claro que era la respuesta del Señor. Hasta el día de hoy, la gente de esa iglesia tiene confianza en mi por el resultado de toda aquella situación. Los hermanos siempre son fortalecidos cuando ven al Señor trabajando. También son más dados a seguir a líderes que demuestran que pueden escuchar la voz del Señor y están dispuestos a El trabajar.

Cuando los hombres se apresuran a apropiarse de iglesias con problemas profundos, a cambiar pastores y ancianos abrupta e arbitrariamente, dañan la fe de las personas y las relaciones. Hay muchas iglesias que ya no existen a causa de estas acciones agresivas de parte de los apóstoles. Esto es también en parte debido a que algunos apóstoles están tan temerosos del fracaso y del posible daño a su propia reputación, que se mueven rapidamente a abortar iglesias. Ellos solamente le dan su tiempo y esferzo a iglesias exitosas y así evitar el riesgo del fracaso. Solo Dios tiene el derecho de hacer morir una iglesia, ya que sólo El la puede hacer nacer. En el caso en que una iglesia esté enferma o en peligro la tarea de un apóstol padre, es el de tomarla de la mano y no desconectarla de su apoyo de vida. Obviamente puede que llegue el tiempo de dejarla ir, pero Cristo dejará abundantemente claro cuando ha llegado ese momento. Nunca debe haber lugar para interpretaciones.

He visto a los llamados apóstoles esconder sus fracasos en su relaciones y en sus ministerios. Hombres usualmente ocultan sus fracasos matrimoniales y en las relaciones de la iglesia ¿por qué? Por temor a lo que los demás piensen si los descubren. Esta obviamente no es la manera de Dios. Aparentemente, Dios no tiene temor de revelar los fracasos de hombres importantes en la Palabra como David y Pedro. Pablo también reveló las malas relaciones que él tenía con Demas y Alejandro el calderero (2 Tm. 4:10;14). Es verdad que el chisme es prohibido y que "sin leña se apaga el fuego" (Pr. 26:20). El único motivo para cubrir algo es cuando ésto dañará al que lo descubre. Pero nunca está bien el ocultar cosas cuando aquellos a quienes se les está ocultando son parte de la solución. Los equipos apostólicos y el liderazgo de la iglesia deben ser abiertos y francos el uno con el otro.

Si nuestro orgullo no nos estorba y no estamos tratando de impresionar a los hombres, entonces no tenemos nada que ocultar. Si realmente no somos subsirvientes a la aprobación de los hombres, entonces no nos molestarán sus desaprobaciones. Los jóvenes son fortalecidos al ver que sus líderes son humanos, que ocacionalmente fallan, se arrepienten, son lo suficientemente humildes para admitir fracasos, y se levantan y continúan. Ellos son fortalecidos al ver que sus líderes aprender de sus errores y continúan con Cristo. Esto demuestra la misericordia y la gracia de Nuesto Señor. También demuestra la humildad del líder y su dependencia del Señor. La autoridad es mas bien debilitada cuando los líderes ocultan sus fracasos por orgullo o por temor de perder su posición.

[1] The Moral Compass, William J Bennett, Simon and Schuster, 1995, New York, NY, pag. 657.

13

EL TESTIMONIO DE VIDA DEL APÓSTOL

Conforme a la gracia de Dios que me ha sido dada, yo como perito arquitecto puse el fundamento, y otro edifica encima; pero cada uno mire como sobreedifica. I Cor. 3:10

Sabiduría

Hay ciertos grupos de palabras cuyo orden es repetido a través de toda la Escritura. Estos términos se relacionan entre sí y Dios quiere que veamos como se relacionan. Por ejemplo, los términos misericordia y verdad están constantemente relacionados con misericordia siempre precediendo a la verdad (2 Sm. 15:20; Sal. 25:10; 85:10, 86:15, 89:14; Pr. 3:3, 14:22, 16:6 y 20:28).

Similarmente, sabiduría y entendimiento están ligados juntos a través de la Biblia entera (Ex. 36:1; Dt. 4:6; I Ry. 4:29, 7:14; I Cr. 22:12; Pr. 1:2, 2:6, 3:19, 4:5, 4:7, 8:1, 8:14, 24:3; Is. 11:2; Dn. 1:20, Cl. 1:9).

Mire lo que el apóstol Pablo dice sobre sí mismo en I Co. 3:9-10:

"Porque nosotros somos colaboradores de Dios, y vosotros sois labranza de Dios, edificio de Dios. Conforme a la gracia de Dios que me fue dada, yo, como *sabio* arquitecto, puse el fundamento, y otro edifica sobre él. Pero cada uno tenga cuidado cómo edifica encima." (Énfasis mío) (La Biblia de Las Americas)

Nótese su referencia a la sabiduría que Dios le había dado para construir la casa de Dios. Nosotros veremos esa sabiduría en las principales características que verdaderos apóstoles deben tener.

En el ¿?? Los ministerios de apóstoles y profetas son los ministerios claves necesarios para la construcción de la base. Por eso es que siempre están listados de primero y segundo en las dos grandes listas de ministerios en el Nuevo Testamento (I Co. 12:28; Ef. 4:11).

Cuando estos dos ministerios "constructores de edificios" son vistos en el contexto de otro texto en el Antiguo Testamento, podemos entender más completamente el rol de cada uno en el construir la casa de Dios:

"Con sabiduría se edificara la casa, Y con prudencia se afirmara; Y con ciencia se llenaran

las cámaras de todo bien preciado y agradable."
Pr. 24:3-4

Desde que Dios define claramente en este texto que ambos sabiduría y entendimiento son necesarias para construir una casa, podemos entender mejor lo que cada uno (apóstoles y profetas) contribuyen en el proceso. Desde que los apóstoles son primero en la construcción de las bases y la sabiduría es el elemento principal, necesaria en el establecimiento de la casa, se sobreentiende que sabiduría debe ser la marca principal de un apóstol y entendimiento la de un profeta. Eso no significa que un apóstol tiene poco o no entendimiento y que los profetas no tienen sabiduría. Simplemente significa que un hombre que es llamado a ser apóstol debe demostrar una medida de sabiduría consistente e inusual. Mientras que la sabiduría sola no es la única característica de los apóstoles, es ciertamente la principal.

¿Cuál es la relación entre apóstoles y profetas con los maestros? Otra Escritura que puede darnos una luz en esta se encuentra en Proverbios 3:19-20.

"Jehová con *sabiduría* fundó la tierra; afirmó los cielos con *inteligencia*. Con su *ciencia* los abismos fueron divididos, y destilan rocío los cielos." (Énfasis mio)

El profeta construye las murallas del entendimiento y la revelación celestial. Ellas mantienen fuera al enemigo y mantienen dentro el entendimiento que es derramado dentro de la casa por medio del don de la enseñanza. Solo cuando la sabiduría apostólica y el entendimiento profético son impartidos en el fundamento de la muralla, pueden entonces ser con seguridad llenos con el conocimiento del maestro. Solo entonces pueden los cuartos ser llenados de "todas las preciosas y deleitosas riquezas" de la buena enseñanza de construir casas.

El conocimiento "envanece" (I Co. 8:1) si no esta contenido dentro de las murallas y bases de la sabiduría y el entendimiento. Muchas doctrinas cuestionables se han lanzado en la diversidad de libros encontrados hoy en las librerías Cristianas. Su veracidad siempre debe ser medida y contenida (o limitada) por las murallas construidas por la sabiduría y el entendimiento. Esto explica porque tanta gente e iglesias parecen irse a la deriva al humanismo y doctrinas extrañas como también comprometer su fe. Cuando no existe una base apostólica-profética, el conocimiento no tiene los parámetros que necesita para dar ser fructífero.

Estilo de Vida

Hay ciertas cosas que debemos saber de un líder antes de que podamos poner nuestra confianza en su liderazgo. El apóstol Pablo no tuvo miedo de apelar a las cosas que su hijo espiritual Timoteo sabía sobre él, como evidencia de su liderazgo:

"Pero tu has seguido mi doctrina, conducta, propósito, fe, longanimidad, amor, paciencia, persecuciones, padecimientos, como los que me sobrevinieron en Antioquía, en Iconio, en Listra; persecuciones que he sufrido, y de todas me ha librado el Señor." (2 Tm. 3:10-11)

No es difícil, si ud. sabe que preguntas hacer, acertar la doctrina y el básico enfoque de la Escritura de una persona. Esto se puede alcanzar de una manera rápida. Por el contrario, toma tiempo discernir si una persona está viviendo lo que predico o si es hipócrita. Obviamente, para "saber completamente" la forma de vida, propósito, comportamiento en crisis, estrés, tentaciones, etc. de una persona, como Timoteo sabía de Pablo, requiere una relación duradera con esa persona.

El estilo de vida y conducta de una figura padre-apóstol es extremadamente importante para identificar la autenticidad de su llamado. Es interesante notar que la iglesia primitiva había escrito un código de conducta (llamado "Didache") por medio del cual las iglesias podían identificar un verdadero apóstol o profeta. Una de las primeras cosas definidas fue el asunto de las finanzas. Si el a sí llamado apóstol o profeta pedía dinero personalmente, esto era considerado un signo de que era un falso profeta o apóstol. Es increíble, especialmente al ver hoy día la obsesión que muchos ministros tiene de sobre el dinero. Mientras que la pobreza claramente no es una bendición y la idea de que el ministro viva en niveles de pobreza es ridícula, para el hombre de Dios dejar la impresión de que el ha venido en busca del dinero es erróneo. Sin embargo, ¿cuántos dan la impresión de que su mayor motivo es recibir dinero del pueblo de Dios?

Pablo ciertamente marcaba en sus cartas que era apropiado que las iglesias dieran apoyo al ministerio apostólico (2 Co. 11:8; 1 Co. 9:9-11; 1 Tm. 5:18). Pero, cuando el dinero se convierte en el motivo de tener un ministerio, entonces eso es una parodia. Pablo se reservó su más severa represión en sus cartas a aquellos que tomaban el dinero como motivo de su ministerio:

"porque raíz de todos los males es el amor al dinero, el cual codiciando algunos, se extraviaron de la fe, y fueron traspasados de muchos dolores. Más tú, oh hombre de Dios, huye de estas cosas, y sigue la justicia, la piedad, la fe, el amor y la paciencia, la mansedumbre." (1 Tm. 6:10-11)

Cuando este motivo esta operando, tiene el poder de disminuir y ultimadamente destruir relaciones. Es por eso, en mi opinión, que los padres de la iglesia primitiva, incluyeron esta advertencia acerca de no recibir a aquellos que pidieran dinero – ¡ellos sabían que tan grande daño podían causar esos hombres a la iglesia! En vista de esto, nosotros también debemos examinar nuestros motivos referentes al dinero y el ministerio.

La Escritura claramente dice que Dios ha hecho a unos apóstoles (padres) como los últimos de todos (1 Co. 4:9-16). Esto no debe confundirse con lo que se dice mas adelante en la epístola, que ellos son establecidos como primeros en la iglesia (12:28). Este último pasaje habla del lugar que Dios les ha dado a los apóstoles gubernamentalmente hablando, en la iglesia. Aunque son los primeros en el gobierno, deben ser los últimos en conducta y presencia, esto es, en humildad (y sufrimiento). Cuanto mejor estaría la iglesia y verdaderos hombres apostólicos pudieran comprender esto y aprendieran a caminar esta cuerda tensada, primeros en gobierno, pero siendo los últimos en arrogancia, codicia, ambiciones personales, control, etc.

Desafortunadamente, la historia de la iglesia testifica, por los últimos dos mil años, de los abusos de poder y posición que han tomado lugar a través de los lideres de la iglesia, quienes deberían haber sido padres. El lado de la autoridad gubernamental ha sido severamente dañado por la falta de humildad. El resultado ha sido que muchos líderes jóvenes tienen miedo de someterse totalmente a una cobertura apostólica, por los abusos que han visto o escuchado y por las relaciones dañadas que ellos mismos han experimentado. Los padres deben esforzarse por corregir esto, para que las bendiciones puedan venir sobre los líderes jóvenes y sus iglesias.

Pablo habla, en pasaje mencionado anteriormente (2 Tm. 3:10-11), acerca de las persecuciones que el tuvo que vivir. Esto era una forma de vida para estos primeros apóstoles. Después, el le recuerda a su hijo Timoteo, del testimonio que el mantuvo durante estas pruebas, y como el Señor lo libró de todas ellas. La pregunta que reales padres apostólicos se deben hacer es, "¿qué clase de cara le mostramos a los hombres jóvenes y nuestros iguales cuando el caminar se torna difícil?" ¿Demostramos fe cuando pasamos por estas pruebas? Esta es claramente una de las calificaciones para aquellos que podrán ser padres en la fe. Imagino que los hombre jóvenes con Pablo, era grandemente fortalecidos en su resolución de servir a Cristo cuando, después de haber sido apedreados y dejados para morir, el se levantó y se regresó a la ciudad a visitar a los hermanos (Hch 14:20).

A la luz de esto, debemos estar dispuestos a hacernos algunas preguntas fuertes. ¿Qué es lo que nos detiene de seguir adelante por Jesús y Su iglesia? Cuando tenemos cuidado de nosotros mismo o nos alejamos de realizar obligaciones por el mal tiempo o inconveniencias personales, ¿qué clase de mensaje le estamos comunicando a los hombre jóvenes y a la iglesia? ¿Estamos dispuestos a sobrellevar durezas por el bien del Evangelio? ¿Protegemos nuestra salud, privacidad o comodidad más allá de la obediencia a Dios o en vez de adoptar relaciones en el Cuerpo de Cristo? ¿Estamos dispuestos a seguir cuando estamos cansados o un poco enfermos? Algunos que conozco no están dispuestos a convivir con los santos en viajes de ministerio, pero insisten mas bien en quedarse en un hotel. ¿Ayuda esto a crear y mantener relaciones? Debemos estar preparados para ver nuestras propias dificultades como oportunidades para fortalecer a la iglesia. Esto es lo que Pablo decía sobre el sufrimiento en su segunda carta a los Coritios:

> "Pero si somos atribulados, es para vuestra consolación y salvación; o si somos consolados, es para vuestra consolación y salvaciones, la cual opera en el sufrir las mismas aflicciones que nosotros también padecemos. Y nuestra esperanza respecto de vosotros es firme, pues sabemos que así como sois compañeros en las aflicciones, también lo sois en la consolación." (2 Co. 1:6-7)

Es vital que hombres jóvenes vean estabilidad y firmeza en los padres. Nosotros no podemos actuar, pero en vez debemos realmente expresar fe cuando las cosas van mal. Un amado hermano una vez lo expresó de esta manera: "Aarón se puso sus hermosas vestiduras cuando el salio delante del pueblo; pero solo tenia sus mantos de lino, cuando entraba frente al Señor en el lugar Santísimo." Ante el Señor, en privado, se nos es dado el privilegio de quejarnos y llorar. Muchos de los salmos de David, dan testimonio de esto. Pero, debemos caminar en la actitud de estabilidad, confianza y fe ante la gente. Si no poseemos y demostramos fe y estabilidad en tiempos difíciles y en crisis, puede ser que en realidad no hemos sido llamados al ministerio apostólico.

Sembrando Cosas Espirituales

En este respecto, el apóstol debe exhibir completa pureza en su manejo de las finanzas. Una padre apostólico siembra cosas espirituales, no cosas materiales (1 Co. 9:11). Esta misma escritura le permite cosechar cosas materiales, pero no sembrarlas. Esto debería causar gran preocupación cuando vemos personas que pretenden ser apóstoles hoy día, atrayendo personas e iglesias a esfuerzos empresariales, y utilizando relaciones espirituales para patrocinar, promover y vender varias cosas. El apóstol debe ser muy cuidadoso inclusive con las apariencias de sembrar cosas materiales en la iglesia. Mientras que la avaricia es abundante en nuestra cultura, no debería ni ser mencionada entre los apóstoles y los líderes cristianos. El Maestro definió bien esta regla básica de que uno "no puede servir a Dios y a las riquezas". No debemos jamás ponernos en posiciones donde la gente, ni aún por un momento, se considere prospectos o clientes en vez de ovejas amadas.

"Sed imitadores de mi, así como yo de Cristo", exhortaba Pablo a los Corintios. Recuerdo maravillarme ante tal declaración cuando la leí por primera vez hace muchos años. En ese entonces, pensé que Pablo estaba o tan por encima de mi que nunca lo iba a alcanzar, que era un supremo ego centrista. Sin embargo, a medida que iba madurando, entendí que Pablo estaba simplemente dejando un ejemplo a seguir a los santos. Esto no quiere decir, de ninguna manera, que Pablo era perfecto. Pero él era lo suficientemente seguro como para saber que estaba siguiendo a Cristo con lo mejor de sí y por lo tanto no estaba avergonzado de pedir a los demás que lo imitaran. Al final, él pudo decir que él había corrido la buena carrera y que la corona de justicia le estaba guardada (2

Tm 4:8). Debería ser la meta de cada verdadero padre, el poder decir lo mismo.

La Actitud Hacia las Iglesias

El apóstol representa a Cristo y es una extensión del ministerio de Cristo en la Tierra. Cristo ama a la iglesia y murió para darse a sí mismo por ella (Ef. 5:25). El verdadero apóstol se siente inclinado a vivir y a morir de la misma manera. Este es verdaderamente el corazón del apóstol como constata su declaración a los Corintios:

> "Por que os celo con celo de Dios; pues os he desposado con un solo esposo, para presentaros como una virgen pura a Cristo." (2 Co. 11:2)

El apóstol siente el mismo celo que el Señor siente por su propia desposada. Esto no es difícil de entender. La manera mas rápida de encender a ira a un hombre es molestando a su esposa o novia. En tiempos antiguos, el rey tenía eunucos a cargo de su harén y de sus esposas para asegurarse de preservar su pureza y castidad para el rey. Nadie se atrevía a tocar a su desposada con manos impuras. De la misma manera, ¡hay de aquellos que tocan a la Novia de Cristo, con manos impuras! El Señor es celoso por su novia y va a juzgar a todos los que la tratan impropiamente. Como un padre, el verdadero apóstol tiene este mismo deseo, de ver a la Novia de Cristo pura y sin mancha. El siente celos por ella en una manera santa. El apóstol Pedro se refiere a aquellos que por avaricia explotan a los santos (2 Pd 2:3). En la versión autorizada, este pasaje alude a hacer mercancía de los santos.

Nosotros debemos cuidar nuestros corazones y guardar el rebaño en estos últimos días de aquellos quienes ensucian a la Novia.

Otro aspecto del corazón de un apóstol por la iglesia es su deseo de ser "gastado y desgastado" por ella (2 Co. 12:15). El no está preocupado en lo mas mínimo por reconocimiento o por alcanzar estima de manos de los santos. Mientas que es natural para cualquier hombre el querer ser aceptado, esta no puede regir la decisión que un verdadero padre apostólico hace. Muchas veces hacer lo que es correcto, no es lo mas popular. El servir al Señor y a las iglesias, dispuesto a ser gastado, inclusive si no hay un retorno inmediato, este tiene que ser el corazón de un apóstol para las iglesias. Su aprobación final viene de Dios, no de los hombres.

Esto tiene implicaciones prácticas para la relación del apóstol con las iglesias y las finanzas. Muchas veces los padres espirituales demuestran una falta de integridad en esta área. Algunos, mientras anuncian que viven por fe, se ven tentados a retornar a grandes iglesias donde se dan las más grandes ofrendas. ¿Ignoraremos las iglesias pequeñas? ¿Deberían ellas ser amadas menos o servidas menos?

Es posible para un hombre tener un amor "intelectual" por la iglesia o cuerpo de Cristo en general, y no transferir ese amor a iglesias específicas de una manera práctica. Hay muchos en este mundo que dicen amar a los pobres, pero no expresan ese amor de una manera práctica a los pobres en una forma personal. El verdadero padre basará su ministerio en los mandamientos del Espíritu Santo y no en el tamaño de la ofrenda.

"... y además de otras cosas, lo que sobre mí se agolpa cada día, la preocupación por todas las iglesias." (2 Co.11:28)

Pablo planteó estas palabras a una iglesia que estaba teniendo problemas con su apostolado. El sin embargo no muestra signos de retener su amor o ministerio hacia ellos, aunque ellos lo estaban rechazando. Aquellos que alguna vez han tenido que ministrar a aquellos que los están rechazando, saben cuán difícil es esto. El corazón apostólico de Pablo no sucumbió a la mezquindad o a dejar que un espíritu de rechazo le detuviera. Aunque estaba siendo amado menos, él continúo buscando la manera de derramar su amor.

"Admitidnos: a nadie hemos agraviado, a nadie hemos corrompido, a nadie hemos engañado. No lo digo para condenaros; pues ya he dicho antes que estáis en nuestro corazón, para morir y para vivir juntamente." (2 Co. 7:2-3)

El apóstol mantiene a la iglesia en su corazón, de la misma manera que un esposo mantiene a su esposa en su corazón. Esto es de esperarse, ya que el apostolado es nada mas que una extensión de Cristo mismo, pues así es como Cristo mantiene a su desposada en su corazón. Es gravoso al Espíritu Santo cuando líderes ven a la iglesia como a un peón en un juego de poder, o como una manera de ganarse la vida sin cargar en su corazón la misma preocupación por la iglesia que el Señor mismo carga. Mientras que el Señor nunca, ni por un momento, ha rechazado a la iglesia, en cierta manera la iglesia lo ha rechazado a él por los últimos dos mil años, sin embargo el Señor continúa amándola a pesar de su rechazo. De la misma manera, líderes deberían amar a la iglesia muy a pesar de cómo ellos son tratados por ella.

Trayendo Gozo a la Iglesia

"Ellos entonces, sacudiendo contra ellos el polvo de sus pies, llegaron a Iconio y los discípulos estaban llenos de gozo y del Espíritu Santo" (Hch. 13:51-52)

Los apóstoles Pablo y Bernabé estaban viajando, llegaron a Iconio proclamando que el evangelio estaba siendo traído a los gentiles y siendo rechazado por los judíos. El resultado de su visita fue gozo. El gozo debería acompañar a un apóstol, pues el gozo es un fruto del Espíritu Santo y evidencia del reino. En un pasaje, Pablo habla del gozo que los creyentes le trajeron (2 Co. 1:14).

Debería haber gozo y estímulo en el ministerio de un apóstol. He tenido el privilegio a través de los años de participar en varias reuniones de la iglesia, donde un verdadero ministerio apostólico estaba presente, y nunca he dejado de ver, en treinta años, verdadero gozo acompañar a estas reuniones. Hace algunos días, participé en una reunión así, donde un verdadero equipo de ministerio apostólico estaba presente. Involucró la participación de doce iglesias con sus líderes y sus congregaciones. Por lo menos tres apóstoles estaban presentes, con el único propósito de traer motivación y comida sólida. Los momentos de alabanza y danza espontánea ante el Señor, fueron un testimonio del verdadero gozo presente en ese lugar. Esto siempre debería ocurrir, cuando los verdaderos representantes de Cristo atienden al rebaño. Los padres deben bendecir a los hijos. Si queremos fortalecer a las iglesias, entonces gozo tiene que ser el resultado. ¡Verdaderamente el gozo del Señor es nuestra fuerza!

Confianza en Cristo

"Amados, si nuestro corazón no nos reprende, confianza tenemos en Dios; y cualquiera cosa que pidiéremos la recibiremos de él, porque guardamos sus mandamientos, y hacemos las cosas que son agradables delante de él. Y este es su mandamiento: que creamos en el nombre de su Hijo Jesucristo y nos amemos unos a otros como nos lo ha mandado." (1 Jn 3:21-23)

Los escritos del apóstol Juan son absolutamente únicos en el Nuevo Testamento. Una de las razones para los escritos de Juan, era el motivar a la confianza en Dios y en su Hijo. Como escritos apostólicos, estas cartas revelan que en el corazón mismo de la fe apostólica, está una confianza total en Dios, que inspira a creer en el Señor Jesucristo.

Cuando las cosas van mal, que rápidos que son algunos lideres apostólicos para tomar las cosas en sus propias manos. Evidencia de que el liderazgo es realmente maduro es aquel que realmente cree y actúa como que Cristo es el dueño de la iglesia. La confianza en Cristo es necesaria. Esta es una cualidad que tiene que ser evidente en los que son apóstoles. No pueden ser hombres que hablen de la soberanía y gracia de Dios por una parte y por otra negarlas completamente con su manera de vivir y actuar. No deben manipular a hombres y a iglesias para sus propios fines. Su modus operandi es el de orar, enseñar, predicar, exhortar dando así un ejemplo a seguir a los demás. Ellos deben tener una confianza absoluta en Cristo para mover corazones y traer los resultados deseados. Deben mantener esta confianza hasta el fin y confiar que El salvara a los suyos.

Esta confianza fue evidente en el apóstol Pablo, quien dijo:

> "*Y tenemos confianza* respecto a vosotros en el Señor, en que hacéis y haréis lo que os *hemos mandado.* Y el Señor encamine vuestro corazones al amor de Dios y a la paciencia de Cristo." (2 Ts. 3:4-5) (Énfasis mío)

La referencia de Pablo a mandato nunca trae con ella la idea de manipulación, sino de exhortación. La raíz griega de donde la palabra se deriva significa "imponer" o "dar un mensaje". Muchas otras escrituras pueden ser citadas para mostrar la completa confianza de Pablo en la habilidad de Cristo para moverse en su iglesia, su pueblo, para alcanzar Su meta deseada. La habilidad de Pablo para confiar en Dios y Cristo, fue crucial para el éxito de su ministerio. Ver la confianza del padre apostólico en Cristo hace nacer la misma confianza en los hijos también. No es de sorprenderse que él pudiera transferir una medida de esa confianza a los santos en varias iglesias, como está evidenciado en las siguientes escrituras:

> "Y esto mismo os escribí para que cuando llegue no tenga tristeza de parte de aquellos de quienes me debería gozar; *confiando en vosotros todos*

que mi gozo es el de todos vosotros" (2 Co. 2:3) (Énfasis mío)

"Me gozo de que en todo tengo confianza de vosotros" (2 Co. 7:16)

"Enviamos también con ellos a nuestro hermano, cuya diligencia hemos comprobado repetidas veces en muchas cosas, y ahora mucho más diligente por la mucha confianza que tiene en vosotros" (2 Co. 8:22)

"Yo confió respecto de vosotros en el Señor que no pensaréis de otro modo; más el que os perturba llevará la sentencia, quien quiera que sea." (Ga. 5:10)

"Te he escrito confiando en tu obediencia, sabiendo que harás aun más de lo que te digo." (Fl. 1:21)

La confianza obvia que Pablo expresa a estas iglesias, no debería ser interpretada como confianza en la naturaleza humana. Ciertamente, Pablo tenía abundantes experiencias para conocer la fragilidad de seres humanos y ciertamente no estaba listo para confiar en ellos. Como Su Maestro antes que él, él también "sabia lo que había en el hombre" (Jn. 2:24-25). En vez, la confianza de Pablo estaba en Cristo y es transferida a los elegidos por la absoluta confianza que "el que comenzó en vosotros la buena obra, la perfeccionará hasta el día de Jesucristo" (Fil. 1:6)

Tan a menudo los hombres declaran públicamente que Jesús no los dejará ni los abandonará. ¿Pero pueden actuar conforme a lo que declaran? Al contrario de su Señor y de Pablo, ellos no exhiben la misma fe hacia sus hermanos. ¿Tendremos nosotros la misma confianza en él con respecto a la iglesia y al propósito de Dios de sostener a aquellos que son suyos?

Aprender Viendo Perros

En más de una ocasión he tenido el privilegio de mirar a un pastor escocés guiar a las ovejas con un perro entrenado. El perro entrenado, logra resultados espectaculares simplemente obedeciendo las órdenes del pastor. Verdaderamente esto es al sorprendente de ver. Es verdad que el tiene sus propios instintos y que aprende ciertos movimientos por sí solo, dentro de los parámetros de las órdenes de su amo. He escuchado de perros, que literalmente corren por encima de las espaldas de las ovejas, para llegar al otro lado del rebaño, en una emergencia. Sin embargo, el perro nunca pensaría de él como el pastor principal. Su lugar es el de obediencia total a las órdenes de su pastor. Habiendo estado con él desde que era un cachorrito, él tiene confianza completa, que su amo sabe exactamente lo que está haciendo.

En cierto sentido, apóstoles y líderes en general, tienen que ser como estos perros ovejeros. Están simplemente llamados a obedecer completamente las órdenes del Maestro para la iglesia. Para ser un verdadero apóstol tiene que haber completa confianza en Aquel que dijo "… edificaré mi iglesia; y las puertas de Hades no prevalecerán contra ella." (Mt. 16:18). La característica primordial de un líder maduro es que el realmente cree que Jesucristo esta en control. Lo que es más, el actúa de esta misma manera. Si no, entonces él mismo no cree verdaderamente y se encuentra descalificado.

Parte 5

*

PASANDO LA BATUTA

14

LA UNCIÓN DE ELÍAS A JEHÚ

En la introducción mencionamos brevemente de la importancia de la última profecía del Antiguo Testamento contenida en el libro de Malaquías (Ma 4:1-6). Esta impresionante profecía prepara la plataforma para la Segunda Venida del Señor. Ella habla de mandar a Elías antes del grande y terrible día. A parte de la promesa específica del rotorno en gloria de nuestro Señor mismo, no hay otra profecía mas exitante en toda la Palabra de Dios.

La importancia de esta profesía no puede ser sobre estimada ya que contiene lo que puede ser propiamente llamado las "últimas palabras" del Antiguo Testamento. Si las últimas palabras de un hombre son importantes, ¡cuánto más las últimas palabras de Dios! Una persona probablemente diría algo relativamente importante cuando está hablando sus últimas palabras a aquellos que ama. De la misma manera, estas últimas palabras del

Antiguo Testamento, incluyen algunos de los más importantes pensamientos de Dios.

El corazón de esta profecía es la promesa de Dios de mandar a "Elías, antes que venga el Día de Jehova, grande y temible" quien "hara volver el corazán de los padres hacia los hijos y el corazón de los hijos hacia los padres." En los primeros relatos acerca del Mesías, contenidos en el evangelio de Lucas, se nos dice claramente como estas palabras fueron ampliamente cumplidas con la aparición de Juan el Baustita, cuya venida fue "con el espíritu y poder de Elías" (Lc. 1:17). Sin embargo la prefecía tiene implicaciones importantes acerca de la restauración de la relación padre-hijo en la iglesia hoy, y para lo que llamaremos la "unción de Elias" y las implicaciones resultantes para la guerra espiritual. Miraremos estos aspectos en este último capítulo.

El punto de este capítulo, es el de subrayar un importante principio cental a la paternidad espiritual; la necesidad de que padres espirituales entiendan el plan de Dios y tengan la habilidad de pasar la visión y hacer que sea implementada por sus hijos y nietos. Esto es, mientras que Dios levanta a padres, que les es dada gran visión para la iglesia, ellos no deben pensar que ellos mismos tiene que llevar la visión a cabo. El plan de Dios es que ellos preparen propiamente a la siguiente generación para que cuando ellos ya no estén lo que ellos sembraron y vivieron siga siendo llevado a cabo por sus hijos espirituales. Para entender este principio, veremos a la historia del profeta Elías y la relación que el tenía con su hijo espiritual, Eliseo, quien continuó el ministerio después de su partida.

Elías Unge a Eliseo

La historia de Elías su increíble ministerio, se encuentra en 1 de Reyes. Elías aparece en un tiempo de gran peligro espiritual. La adoración a Baal abundaba. Jezabel reinaba con su esposo Acab. El ministerio de Elías sería usado poderosamente para traer a Israel de vuelta al Señor su Dios. Sin embargo, muchas de las cosas que le fueron dichas y que él anhelaba ver en su tiempo, no ocurrieron. En vez, Dios las reservó para que su hijo espiritual Eliseo las cumpliera.

Después de que Elías derrotó a los profetas de Baal en el Carmelo, huyó de Jezabel, quien lo había amenazado de muerte. Pasando por el desierto, él llego a Oreb, el monte de Dios. Ahí Dios se encontró con Elías y le comisionó llevar a cabo tres tareas.

> "Y le dijo Jehová: ve, vuelvete por tu camino, por el desierto de Damasco; y llegarás y ungirás a Hazael por rey de Siria. A Jehú hijo de Nimsi ungirás por rey sobre Israel; y a Eliseo hijo de Safat, de Abel-mehola, ungirás para que sea profeta en tu lugar." (1 Ry 19:15-16)

Mirando a la historia de Elías encontramos que él solamente llevó a cabo una de estas tareas durante su vida – ungir a Eliseo para que quedara en su lugar. Esto es impresionante. En un tiempo en su vida en el que se sintió como escapando de sus deberes, aparentemente perdiendo su confianza en Dios, el se encontró con el Todopoderoso, siéndole dada la llave para destruír justamente al enemigo de quien huía, y sin embargo, no pudo llevarlo a cabo. Probablemente hoy lo llamariamos un fracasado.

Vemos que Dios no lo vió de esta manera. Más tarde Elías apareció en el Monte de la Transfiguración con Jesús, lo cual muy difícilmente puede ser considerado una remuneración al fracaso. Santiago nos dice que Elías era un hombre sujeto a pasiones semejantes a las nuestras. No era que Elías había fracasado, sino simplemente que Dios deseaba que Su "espíritu" sea estampado por un hijo espiritual quien a su tiempo comunicaría este mismo espíritu a otros hijos. De esta manera, el trabajo de Elías sería llevado a cabo, a través de futuras generaciones.

La Escritura es clara que Eliseo verdaderamente recibió el manto de Elías mientras lo veía ascender al cielo en un tobellino (2 Ry 2:11-12). Mientras Eliseo clamaba "¡Padre mío, padre mío, carro de Israel y su gente de a caballo!", él tomó el manto de Elías y comenzó a asumir su ministerio.

Una Profecía Alentadora

Hace muchos años recibí una palabra profética de un hombre a quien yo respeto mucho. La profecía decía que si bién yo habría de producir una cierta cantidad de fruto durante mi vida, mis nietos producirían un fruto mucho más abundante que el mio.

Uno de mis hijos espirituales se dessarolló como apostol en el extranjero. Muchos años pasaron hasta que tuve el deleite y el privilegio de visitarlo y conocer su obra. Mientras lo miraba enseñar a jóvenes estudiantes de lejanas tribus montañosas en su propio lenguage nativo, Dios me habló. Aunque yo no conocía a ninguno de ellos personalmente, Dios me testificó en ese momento que ellos eran mis nietos espirituales. Ellos estaban absorbiendo algo del "espíritu" que yo había impartido a mi hijo. ¿Quién sabe que es lo que ellos harán para el Señor durante sus vidas? Yo tenía una visión para este país en particular, pero entendí que no era yo personalmente quien la habría de llevar a cabo. ¡No tenemos que llevar a cabo todo lo que el Señor nos ha mostrado! Podemos inspirar a los que sí pueden, a nuestros hijos y nietos.

El Ministerio de Eliseo

Que Eliseo recibió el manto de Elías es ampliamente demostrado en el hecho que las otras dos tareas que Dios había encomendado a Elías, fueron llevadas a cabo por Eliseo y sus hijos espirituales. Fue Eliseo quien ungió a Hazael por rey de Siria (2 Reyes 8:7-13), y fue a través de su siervo que Jehú fue ungido como rey de Israel (2 Reyes 11:1-10). Por lo cual, si bién Elías mismo no fue quien directamente llevó a cabo estas acciones, en la persona de su hijo él cumplió todo lo que Dios le había ordenado.

Con respecto a la historia completa de Eliseo en Segunda de Reyes, descubrimos que la unción sobre Eliseo era muy superior a la de su predecesor. Habiendo recibido una "doble porción" del espíritu de Elías tras su ascensión, Eliseo realizó muchos más milagros que Elías, y ni es necesario recalcar que su ministerio fue mucho más duradero que el de su padre espiritual. Y en cierta manera, el joven hijo de profeta que ungió a Jehú, cuyo nombre no se menciona, vino a ser el nieto espiritual de Elías. Por lo tanto es correcto decir que la Palabra de Dios abarca por lo menos a dos generaciones de hijos espirituales de Elías, quienes absorbieron su espíritu, y llevaron a cabo la visión original que Dios había dado a su padre espiritual.

¿Qué hubiese pasado si Elías no hubiese ungido a Eliseo como su seguidor? Creo que es claro que sin Eliseo, designado como el sucesor de Elías, una de las victorias espirituales más importantes en Israel no hubiese ocurrido. Ya que fue realmente Jehú, otro de los nietos que Eliseo ungió, quien derrotó a Jezabel y así cumplió la visión de Elías de liberar a Israel de sus prostituciones y su espíritu controlador (2 Reyes 9:30-36).

Mucho se ha escrito y predicado ultimamente a cerca del espíritu de Jezabel. Este espíritu se manifista a si mismo en muchas iglesias como un espíritu de rebelión y control cuyo fin es el de debilitar toda autoridad verdadera en la casa de Dios. Elías pudo haberse sentido como que fracasó en sus días, pero Dios tenía un plan de usar a uno de sus propios hijos espirituales para llevar a cabo Su propósito de liberar la tierra de Jezabel.

De esta manera, vemos que la unción sobre Elías fue transferida a su hijo Eliseo, y luego a su nieto, al joven profeta que ungió a Jehú, el cual destruyó a los enemigos de Dios y cumplió la visión inicial dada a Elias.

La Unción de Jehú

Jehú tenía una unción guerrera de odiar el mal y defender el bién. Cuán desesperadamente necesaria es hoy en día esta unción en el cuerpo de Cristo. No que querramos imitar a Jehú completamente, ya que este hombre produjo mucha anarquía y masacre entre su gente. Sin embargo, el corazón y el espíritu de Jehú son desesperadamente necesarios en la iglesia hoy en día. Es una unción de combate para hacer guerra contra los enemigos de Dios y vencerlos.

Jehú también tenía otra unción igualmente necesaria en la iglesia hoy. Verdaderamente él era un guerrero y un devoto defensor. Pero él tenía algo más. Mientras él cabalgaba hacia la ciudad aquel día, Jezabel le salió al encuentro desde un alto balcón. Estaba vestida en toda su aura seductora, mundanamente hermosa. Ella estaba rodeada de muchos de sus eunucos (2 Ry 9:32). Estos eunucos eran por definición hombres apocados, debilitados. Ellos eran sus sirvientes. Ellos estaban bajo su influencia y control. Ella era una reina perversa. No nos olvidemos que ella había arreglado la muerte de un hombre, únicamente para adquirir su terreno para su esposo. Ella había inspirado temor en el profeta Elías. Estos eunucos estaban a sus órdenes.

Pero Jehú miró hacia arriba y preguntó "¿quién esta conmigo? ¿Quién?" El Espíritu Santo entonces revela que dos o tres de estos eunucos miraron Jehú. Luego Jehú mandó, "echadla abajo." ¡Y ellos la echaron abajo! Algo poderoso les habia pasado a estos hombres. Ellos ya no estaban bajo su control. Ellos volvieron a ser hombres nuevamente. Mientras observaban a Jehú, una poderosa unción vino sobre ellos y los cambio de eunucos a siervos activos de Dios. Yo le llamo a esto "la unción de Jehú."

Yo creo que a medida que el espíritu de Elías se levanta y capacita a padres a ser verdaderos padres espirituales en estos días, y a medida que ellos imparten a sus hijos y nietos la visión del Rey que viene y Su Reino, cosas comenzarán a pasar. No solamente se levantarán grandes guerreros, pero habrán aquellos quienes tendrán la unción de "despertar eunucos" en las iglesias. Muchos hombres estan dormidos, apocados, en otras palabras.

Cuando esta unción se manifiesta, hombres comenzarán a tomar sus lugares en las familias y las iglesias.

El Espíritu de Elías hoy día

La historia de Elías y la continuación de su ministerios a través de su hijo Eliseo, tiene mucha instrucción para nosotros hoy en día. Cuando las personas hablan a cerca del espíritu de Elías, mayormente se refieren a los milagros de este hombre de Dios y a sus muchas proezas. Y verdaderamente deberíamos, ya que este gran hombre hizo muchas proezas y muy notables.

Sin embargo cuando Malaquías se refiere a la aparición de Elías antes del retorno del Señor, el no se refiere a sus milagros o su gran poder, sino a que su ministerio paternal será evidente. Es este aspecto del ministerio de este hombre que caracterizara primordialmente los días antes del regreso del Señor. Debemos esperar que justo hasta la venida del Señor habrá una manifestación del espíritu de Elías "volviendo el corazón de los padres hacia los hijos, y el corazón de los hijos hacia los padres." Cuando los padres en nuestro día comiencen a moverse en el espíritu de Elías, el resultado será el levantarse de poderosos hijos en su lugar. La bendición de la vida antes mencionada en este libro, entonces fluirá de los padres hacia estos hijos e hijas y por lo tanto la iglesia.

La unción para la guerra también reposará sobre los hijos y las hijas. ¿Cuál es el propósito de Dios con todo esto? Una de las cosas que El desea hacer, es usar a Elías nuevamente para destruir a Jezabel en Su casa. Obviamente no estamos hablando literalmente de Jezabel, ya que ella ha estado muerta por varios siglos. Sin embargo, de acuerdo a la Escritura, el espíritu de Jezabel todavía vive en muchas iglesiasy se debe lidear con él (Ap. 2:20).

Conclusión

Esto concluye nuestra corta exploración con respecto a los padres. Hemos mostrado la importancia y la relevancia de los padres y los hijos alineandose divinamente a medida que se acerca el fin. Hemos visto como la verdadera prosperidad, bendición y la vida misma fluyen de la correcta y divina aplicación de la paternidad a la iglesia.

Hemos explorado algunas de las razones de por qué los padres han hecho tan difícil que sus hijos se relacionen apropiadamente con ellos, y hemos mostrado el corazón de un verdadero padre que Dios quiere ver. Hemos asociado todo esto con el surgiente rol del ministerio apostólico, el cual esta siendo derramado sobre la tierra hoy en día por el Espíritu santo.

Hemos exhortado a hijos e hijas a que por su propio bién se relacionene correctamente con sus padres, aún cuando estos padres sean imperfectos. Hemos citado los beneficios que vienen como resultado de honrar el principio de la paternidad. Hemos mostrado que Dios ama a los padres y hace que la vida se dé a través de ellos.

A la vez de tratar de dar una cota de referencia para iglesias y lideres jóvenes con la cual medir a aquellos que se llaman a si mismos apóstoles, también es la intención de este libro que padres usen la misma medida de referencia para medirse a si mismos. Nos debemos medir en base a los deseos y pautas que el Señor nos da. El Cristianismo es primordialmente una religion del "corazón". Lo que hay en el corazón es de suprema importancia para Cristo. Esta debería ser nuestra actitud santa por amor a Dios y a sus hijos. ¡Todo está en juego! Después de todo, acaso no dijo Malaquías "y él [el espíritu de Elías] hará volver el corazón de los padres hacia los hijos, y el corazón de los hijos hacia los padres, no sea que yo venga y hiera la tierra con maldición." Los corazones tienen que ser vueltos, no las funciones o posiciones. Es por este motivo que este libro se ha enfocado en los aspectos del corazón.

Que el Señor vuelva todos nuestros corazones más y más hacia Sus grandes propositos mientras vemos que el dia se acerca. Espíritu Santo, que tú levantes muchos padres en este tiempo. ¡Derrama el espíritu de Elías sobre todos nosotros, ya que no hay muchos padres!

¡Maranatha!

Printed in the USA
CPSIA information can be obtained
at www.ICGtesting.com
JSHW082205140824
68134JS00014B/449